MODERN VALUE INVESTING

现代价值投资的安全边际

为慎思的投资者而作的25个避险策略和工具

25 TOOLS TO INVEST
WITH A MARGIN OF SAFETY IN TODAY'S FINANCIAL ENVIRONMENT

[荷] 斯万·卡林 SVEN CARLIN 著　凌波 译

中国青年出版社

图书在版编目（CIP）数据

现代价值投资的安全边际：为慎思的投资者而作的25个避险策略和工具 /
（荷）斯万·卡林著；凌波译.
—北京：中国青年出版社，2020.1
书名原文: Modern Value Investing: 25 Tools to Invest With a Margin of Safety in Today's
Financial Environment
ISBN 978-7-5153-5868-0

Ⅰ.①现… Ⅱ.①斯… ②凌… Ⅲ.①股票投资—基本知识 Ⅳ.①F830.91

中国版本图书馆CIP数据核字（2019）第245564号

现代价值投资的安全边际：
为慎思的投资者而作的25个避险策略和工具

作　　者：[荷] 斯万·卡林
译　　者：凌　波
责任编辑：庞冰心　肖颖慧
文字编辑：张祎琳
美术编辑：杜雨萃
出　　版：中国青年出版社
发　　行：北京中青文文化传媒有限公司
电　　话：010-65511272/65516873
公司网址：www.cyb.com.cn
购书网址：zqwts.tmall.com
印　　刷：大厂回族自治县益利印刷有限公司
版　　次：2020年1月第1版
印　　次：2026年2月第5次印刷
开　　本：787mm×1092mm　1/16
字　　数：168千字
印　　张：14
京权图字：01-2018-7059
书　　号：ISBN 978-7-5153-5868-0
定　　价：59.00元

目 录

献给我的妻子安娜（Ana）和儿子瓦尔（Val）。

特别感谢阿维德·达涅利（Aviad Daniely）以及在YouTube上的所有支持者。

MODERN VALUE INVESTING

前　言

我的个人目标是帮助人们实现他们的财务目标，实现这一目标的其中一种方法就是通过投资教育。通过本书我希望能够帮助读者形成强大的投资心理和投资技能，从而使你能够做出更好的投资决策并发现更好的投资机会。

有关价值投资的书籍存在着一个空档期。本杰明·格雷厄姆于1949年出版了《聪明的投资者》（*The Intelligent Investor*），随后直到1972年，又陆续出版了该书的多个版本。赛斯·卡拉曼（Seth Klarman）于1991年出版了《安全边际》（*Margin of safety*）。现在距离格雷厄姆出版其著作已经过去了50多年，距离卡拉曼出版其著作也差不多已有30年。因此，我们需要一本当代书籍来讨论我们现在所处的金融环境的所有变化。

本书内容包括四个部分：第一部分讨论了成功投资者应该具备的最重要的心理特征，第二部分介绍了25个有助于实际投资的分析工具，第三部分将这些工具应用于一个实例，第四部分是对投资的进一步思考，该部分讲到了现代投资方法，全天候式投资组合策略，双曲线贴现，以及其他一些你可能会感兴趣的内容和一些在适当时机值得借鉴的宝贵经验，尽管在你人生中可能仅有少数几次能够遇到这种绝佳的投资机会。

第一部分

MINDEST OF A VALUE INVESTOR

价值投资者心理

第1章
价值投资心理学

> 当别人恐惧时贪婪，当别人贪婪时恐惧
>
> ——本杰明·格雷厄姆（Benjamin Graham）

成为价值投资者之前需要了解的四件事

> 投资者可以拥有的最大优势就是长线定位。
>
> ——赛斯·卡拉曼（Seth Klarman）

在讨论投资策略时，最经常被忽视的是个人目标。投资是一件非常个人化的事情，因为我们都在努力赚钱，而不仅仅是为了投资而投资。在我们的投资过程结束时，其中一些个人目标应该可以改善我们的生活质量：获得足够的退休资金，实现财务自由，支付孩子的大学学费，环球旅行，或者其他一些渴望实现的个人愿望。因此，在决定任何类型的投资活动之前，非常重要的是，首先要了解你自己，你的投资目标以及你将如何应对股票市场中可能发生的任何事情（无论好坏）。在应用价值投资策略之前，你应该了解以下内容：

当你的生活方式完全依赖于你的投资时，你不可能做出理性的投资决策

从短期来看，所有投资都可能产生剧烈波动。瑞·达利欧（Ray Dalio）因其历史性的投资方式而闻名，他总是提醒我们，在我们的投资生涯中，每个资产类别都有可能至少下跌70%甚至更多。因此，价值投资策略应该只应用于长期心态，你当前的生活方式不应过分依赖于股市的表现。如果你的生活方式取决于股市的表现，那么你将无法做出理性的投资决策，并且无法利用股市中的非理性获利，这是决定价值投资成功与否的主要因素。当像股票这样的资产类别下跌时，随着价格下跌，股票价值显现，价值投资者必须开始买进，即使该股票可能会暂时下跌更多，在股市大跌中抓住最终的底部是不可能的。如果你现在的生活方式依赖于你的投资，那么当市场出现价格极低的便宜股时，你将没有勇气去买进这些经常出现的投资机会，因为你会担心其价格可能会跌到更低。

为了说明在投资时可能出现错误，你应该了解，即使是沃伦·巴菲特的伯克希尔哈撒韦公司的投资组合，在过去50年也有两次下跌超过50%（1974年和2008年/2009年）。因此，如果你的生活不允许你的投资组合出现大幅下跌（甚至会影响巴菲特的下跌），那么你真的不适合投资于股市。最重要的是，当别人都在恐慌中抛售股票的时候，正是你获得最佳回报的时候，只有在这时才可以以便宜的价格买进价值股。

你可能会在极端牛市中不能跑赢指数

价值投资与股票市场的运行状况无关，因此，有时候价值投资策略的表现会逊于整体市场，特别是当非理性因素驱动市场运行的时候。20世纪90年

代就出现过这种情况，当时价值投资被宣告死亡，沃伦·巴菲特由于不愿意投资于互联网公司而受到了嘲笑。1999年，伯克希尔公司损失了19%的市值，而标准普尔500指数则上涨了21%。在互联网泡沫破灭之后，大多数人亏掉了本金，而巴菲特凭借其击败市场的长期回报而免受亏损。在2000年、2001年和2002年，伯克希尔的股票回报率分别为26.6%、6.5%和-3.8%，而标准普尔500指数在2000年的回报率为-9.1%，2001年为-11.1%，2002年为-22.1%。科技股的表现更糟糕，纳斯达克指数的大幅下跌使得标准普尔500指数的跌幅看起来更像是一次恩惠。从1999年到2002年，这期间包括了历史上最糟糕的熊市之一，1999年在伯克希尔投资100美元，到2002年将获得104美元的回报，而将同样金额投资于标准普尔500指数，将仅能获得75美元的回报。因此，坚持价值投资不会让你每年都跑赢指数，但它肯定会让你在保证达到财务目标的前提下，并且在可控的风险之下，以相对完美的回报完成你投资生活的马拉松。

在我写作本书时（2018年），价值投资不能跑赢指数的情况正在发生。由于全球中央银行投入金融市场的极度流动性，股市已经持续处于牛市长达9年以上。在过去的几年里，作为一个价值投资者并没有获得很多优势，因为涨潮浮起了所有的船，不过价值投资的目的是在潮汐发生转向时不至于让你裸泳。然而，作为一个价值投资者现在可以得到必要的保护，使自己最大限度地减少亏损，并在下一个熊市到来时提高回报，要知道，熊市总是会来临。

你必须是一个逆向投资者，在牛市恐慌，在熊市坚定

为了利用价值投资机会获利，你必须能够独立思考，而不是受到大众的影响。大多数投资者很容易受到短期事件和新闻的影响，他们在经济衰退期间感到恐慌，而在经济增长和稳定期间，他们很快就会变得兴奋，大多数人都会跟随一些强势趋势。当不可避免的经济衰退到来时，恐慌情绪使他们不

顾价格地抛售股票，创造大量的廉价筹码。相反地，在情绪兴奋时他们又会创造泡沫，价值投资者通过与大众相反的行为方式利用这些机会获利。这样可以降低风险，提高回报——这是所有投资者的最终目标。

这些观点颠覆你的观念了吗？不必担心，本书要讲的内容就是关于如何利用上述市场情况获利，并将为你提供多种投资策略，从长远来看，这些策略可以带来低风险和高回报，另外还将为你介绍一些投资经验，有助于提高你的投资心理。

价值投资通常是枯燥的

价值投资包括进行大量研究，对成千上万的投资机会说不，只在符合所有标准的情况下买进，然后等待市场识别你所发现的低估投资品种的价值。最终市场总是能够识别出价值，但这可能需要数年才能实现，我们还将讨论关于如何缩短价值识别过程的策略，但是，除了对投资组合进行再平衡之外，作为价值投资者不会有太多的短期兴奋感。然而，从长期来看，价值投资提供了在最低风险之下的最高回报，这是非常值得兴奋的事情。用诺贝尔经济学奖得主保罗·萨缪尔森（Paul Samuelson）的话来说：

投资应该像看着油漆变干或花草生长一样。如果你想刺激就带着800美元去拉斯维加斯。

在华尔街的投资者和投机者之间存在着持续不断的争论，而萨缪尔森的这句话抓住了其中的精髓。在应用任何一种投资策略之前，非常重要的是弄清楚自己属于哪种市场参与者，因为你不可能在很长时期内一直违背自己的本性。如果你天生就是一个价值投资者，却试图想成为一个投机者，这会导致你在错误的时间做出错误的投机，而如果你内心是一个投机者，那么你就

没有耐心去寻找一只股票的合适的安全边际，也没有耐心等待一只股票的价值获得市场的充分认可。因此，了解自己是谁非常重要，是投资者还是投机者。下面将继续通过区分投资者和投机者来讨论价值投资心理。

你是价值投资者还是投机者

> 复利是世界第八大奇迹，理解它的人将会受益，不理解的人将会付出代价。
>
> ——阿尔伯特·爱因斯坦（Albert Einstein）

即使你已经知道自己内心是一个价值投资者，也应该仔细阅读本书的这部分内容，因为它会通过描述投机者的心态来使你更好地认识市场的运作方式。

作为一名投资者，他应该相信长期投资回报与企业的潜在收益以及相应的买入价格完全相关。投资者在买入股票之前，要有耐心等待其运行到合适的价位，然后还要在很长时期内有耐心等待回报的产生或享受回报的提高。沃伦·巴菲特经常提醒我们耐心在投资方面有多重要：

> 我最喜欢的持有期限是永久。

另一方面，投机者期望利用他对股票价格在某段时间内的运行方向的判断，上涨或下跌，从中获利。基本面并不是那么重要，重点在于估计未来走势或者利用当前股价走势所形成的趋势来获利。投机者可以非常有利可图，并且持续保持这种盈利能力，但他必须成为最顶级的交易者之一，并能够从缺乏经验的交易新手身上获利。在竞争如此激烈的环境中，并且存在量化对冲基金和高频交易者的情况下，要想成为最好的交易者，这对兼职投机者来说是一个大问题，因为大多数人没有资金也没有时间使自己精于投机。回想一下，在并不遥远的2000年和2009年金融泡沫之后，一般投机者亏损了多少资金？当这本书出版时，也许正是中央银行泡沫破灭的时候。

区分投资和投机也很重要。投资就是一种资产，通过其商业运营不断创造新价值来奖励其所有者。想象一下公寓楼提供的租金收入，股票的股息或任何其他的价值创造形式。另一方面，投机虽然也是一种资产，但其重点并不在于创造价值的过程，而在于市场的看法，即价格。投机的一个明显例子是股票期权形成价外期权①并且将会随着到期日的临近而变得毫无价值，但是，股票由于其买方意图的不同，它既可以是一项投资，也可以是一项投机。

我们来总结一下，由于交易成本以及存在顶级交易者和高频率对冲基金赚取大部分利润这一事实，造成一般投机者普遍亏损，因此投机是一个负和游戏。相反，投资是一个正和游戏，因为股息和收益会逐个季度地不断增加股票价值，这就很难出现未来价值小于当前价值的情况，特别是在经过长期持有之后。

成功的价值投资者具有许多特征，我们将在本书中进行详细讨论。下面列出的是可以帮助你走向成功的一些心理特征：

- 不情绪化，恐惧和贪婪应该是别人的弱点，并为我们创造投资机会。
- 对自己的分析充满信心，以便有理由地应对市场变动。因此，如果价格下跌则买进更多的股票，但其基本面应该保持不变。
- 在泡沫市场中恐惧，在恐慌市场中坚定。

---

① 价外期权对于看涨期权是指行权价格高于市场价格，对于看跌期权是指行权价格低于市场价格。不管在哪种情况下，如果股票价格没有变化，期权都将到期失去价值。

• 能够利用价格波动和市场先生的失常行为。

• 深信市场并不是有效的，因为无效市场导致价值投资者获得超额回报。

• 不担心收益税和交易成本，但担心不必要的费用。

• 能够清楚地区分股票价格波动和潜在的企业现实。

• 能够清楚地区分投资价值和价格。

• 坚信股票市场将提供可观的回报，并允许这些回报随着时间的推移而形成。

如果你更多具有下面的一些心理特征，那么价值投资可能并不适合你：

• 认为市场是有效的，因此市场价格总是正确的价格，因为它包含了所有可用信息，于是指数投资是最佳选择。

• 以市场为导向，例如，当股价最近下跌时，你没有信心买进，而更愿意在股价上涨时买进，以免错过股价波动。

• 认为关注基本面和基本收益是浪费时间，因为所有信息都已包含在价格之中。

• 当价格下跌和卖出时，具有恐慌的倾向，而不是买进更多。

• 认为如果市场价格下跌，企业必然运营得很糟糕。

• 跟随大众，当别人贪婪时变得贪婪，当别人恐惧时变得恐惧。

• 花费很少时间或根本没有时间分析投资机会。

• 认为股票市场是用来赚钱的，特别是通过使用杠杆或期权等投资捷径。

• 当投资进展顺利时，你对世界的看法非常乐观，认为不再有经济衰退，而你持有的股票将无限增长。

• 认为股票是最好的投资，因为债券和储蓄的收益率太低。

• 通过短期模式预测未来，寻求简单的投资定式。

让我们进一步深入了解一下价值投资者的心理特征。

价值投资者的主要特征——心态

你付出的是价格，而你得到的是价值。

——沃伦·巴菲特

我们将首先讨论稳定的情绪和恰当的、基本的投资方法如何有助于价值投资者获利，以及情绪化、急躁、贪婪和恐惧通常如何在长期内摧毁投机者的财富。

面对你的投资如何做到不情绪化

我坦率地说，做到不情绪化，这说起来容易做起来难。然而，价值投资策略可以引导你分析资产的内在价值，这有助于你在面对市场异常变化时避免做出情绪化的反应。以下一些步骤可以帮助你避免陷入困境，无论市场如何变幻，都使你能够坚持投资计划。

（1）区分内在价值与市场创造的虚假定价

作为价值投资者，我们必须能够区分资产所具有的内在（实际）价值和暂时的市场价格。市场价格可能走向极端，无论是上涨还是下跌。

关于金融市场如何对实际资产产生暂时影响，铜价的变化就是一个很好的例子。铜是一种被广泛使用的金属，随着世界的发展，对它的需求也持续提高，特别是在全世界正在转向电气化的时候。然而，市场投机者通常以超过全球库存的数量买进或卖出铜。这怎么可能呢？因为，投机者通常以保证金交易并使用衍生品，因此他们利用借贷和合约来为他们的虚拟交易增加杠杆，这使他们能够在短期和中期内显著影响铜的价格，尽管没有实际产生一盎司的实物铜交易。

图1 铜的价值非常稳定但其价格却极不稳定

资料来源：伦敦金属交易所

此外，采矿业的供应量不可能快速发生变化，因为开发或扩大矿山通常需要数年时间。在2015年和2016年，大多数铜矿企业盈利运营的最低价格至少为每吨5 000美元。在这种情况下，正如2015年和2016年的时候，价格暴跌显然只是暂时的，因为从长期来看，由于铜的实际供应需求平衡处于交易价格之上，因此这种情况是不可持续的，这为价值投资者创造了一个买进价值的机会，而其他人只看到了低价和恐慌。毋庸置疑，在每吨低于5 000美元的一年多之后，铜价很快在2017年回归到了更合理的价格水平。

大多数投资者在看到某种资产的价格较低并不断下跌时都会感到恐慌，但价值投资者却能够合理地分析当前情况，并在其他人恐慌性抛售时以折扣价买进相关股票。这可以归功于价值投资者在该领域具有丰富的知识，还可以归功于合格的价值投资者总是具备流动性缓冲[①]。对投资知识这部分来说，很显然，你对投资了解得越多，你的风险就越低，回报就越高，这也正是我写这本书的原因，那就是为你提供尽可能多的价值投资知识。凭借时间和经验，价值投资者可以轻松区分客观存在的市场恐慌与毫无根据的市场恐慌，同时流动性缓冲作为一种投资策略，它可以让你在别人抛售时买进并保持冷静的头脑。

（2）购买股票时要具备流动性缓冲——永远不要马上买入全部仓位

一旦我们确定一只股票的交易价格低于其内在价值，它就成了一个明显的买入机会。但是，买进股票的方法有很多种。价值投资者永远不应该一次性买入全部仓位，因为即使交易价格为5美元，而其内在价值为10美元，由于各种市场异常变化，这只股票总是可能变得更加便宜。如果股票交易价格变得更加便宜并且能够进一步增加你的投资回报，现金缓冲则让你能够买入更多股票。

我将以耐森资源公司（Nevsun Resources，纽约证券交易所代码：NSU）为例。耐森资源公司在2016年拥有了矿山，它是一家加拿大矿业公司，并在厄立特里亚[②]（Eritrea）这样一个不起眼的国家开展业务。到2015年底，NSU股票的交易价格通常在 4美元之上，由于商品价格下跌并且市场不青睐所有矿业股，因此其交易价格开始低于其3.4美元的账面价值。然而，NSU是一个特例，因为在其3.4美元的账面价值中，大约有2.5美元是存在加拿大银行的现金，有

---

① 流动性缓冲指的是个人或公司为了在出现流动性危机时能够满足意外的现金需求而可能持有的现金或高流动性资产。

② 厄立特里亚（Eritrea）位于非洲东北部，国土面积12.5万平方公里。

0.5美元是高流动性黄金库存，同时该公司没有债务。这意味着该公司的清算价值至少为每股3美元，上涨空间非常大，因为厄立特里亚矿山每年产生的自由现金流量约为每股0.4美元。如果我以矿业企业的平均现金流量比率12乘以NSU的现金流量，将得到一项4.8美元的价值。再加上3美元的高流动性资产，NSU股票的内在价值为7美元（注意：2016年之后NSU发生了很多事情，但这不是本例的重点）。

图2　分阶段买进可以降低风险并提高回报，因为市场总会变得更加非理性

资料来源：纽约证券交易所

现在，如果我在NSU股票上投入10 000美元，当它在2015年8月达到2.7美元，价格明显更便宜时买进，预期当股票价格达到该公司的账面价值时卖出我的持股，我的这次投资会表现得很好，因为我能够在2016年3月以3.5美元的价格卖出该股票。因此，10 000美元将增长到12 962美元，获利2 962美元，回报率为29.6%(为了简便起见，未计算股息)。

然而，在以上例子中，价值投资者应该始终牢记的是，股票价格总是会变得更低，我还可以这样操作：在2.7美元买入2 500美元，在2.5美元买入2 500美元，在2.3美元买入2 500美元，在2.1美买入2 500美元。

NSU的股价在2015年12月达到了2.5美元，在2016年1月达到了2.3美元，在此期间未达到过2.1美元。截至2016年2月，通过三次购买，我将累计买入3012股NSU股票，总成本为7 500美元。在2016年3月，我能够以3.5美元或10 545美元的价格卖出这些股票。因此，可以获得3 045美元的利润或40.6%的回报率，并且本金所承担的风险要小得多，因为第一个投资组合的最大跌幅为15%，而第二个投资组合的最大跌幅仅为8%。

分批买进通常可以为更少的资金投入带来更高的回报，这是一种完美的策略，可以降低你的风险并提高你的回报，因为它可以以更低的价格买进更多数量的股票。此外，有时对于股票价格下跌的原因，价值投资者可能并不知晓。如果基本面突然发生变化，通过不一次全仓买进的方式可以使亏损得到限制。

（3）投资组合现金缓冲

除个股之外，还必须对整个投资组合应用流动性缓冲策略，因为特别是在市场恐慌情绪下，整个市场可能会达到令人难以置信的低点！赛斯·卡拉曼是世界上最成功的价值对冲基金之一鲍勃斯特集团（The Baupost Group）的管理者，并且是《安全边际》一书的作者，他的这本书为我提供了写作灵感。众所周知，在找不到低风险便宜股的情况下，比如2000年互联网泡沫的时候，他在投资组合中持有的现金比例通常会高达50%。由于市场总是会进入某种非理性的恐慌模式，因此最终总会出现定价错误，卡拉曼凭借如此大量的现金储备，总是能够利用市场未来出现的定价错误获利（注：彭博的资料显示，卡拉曼的投资组合在2017年的现金存量为42%，1983年至2008年的年均回报率为20%）。

如何利用别人的情绪获利

这不仅仅是关于拥有现金储备，而是关于拥有正确的投资心理，它能让你做出正确的投资决策，并且通常与大多数人（即市场运行情况）相反。

（1）在泡沫市场恐惧，在恐慌市场坚定

历史数据表明，在价值投资与成长投资的对决中，前者获胜比例占93%[①]，因为指数投资者的表现在逻辑上相当于市场表现减去交易费用，而投机者的本金很少在一个市场周期之后能够幸存，这种结果主要是因为价值投资者买入价值并利用市场的波动性获利。投机者通常会高价买进，因为他们需要从之前上升的市场走势中获得买入信号。同样，投机者通常会低价卖出，因为他们担心价格可能会变得更低或者由于追加保证金而被迫卖出[②]。纽约证券交易所（NYSE）关于投资者通过经纪账户使用保证金借款的数据明确显示了，大多数投机者如何使用大量借款在极高价位买进股票，并在熊市中，为了迅速降低保证金风险，而被迫抛售这些股票。

① 根据达特茅斯学院塔克商学院的肯尼斯·弗伦奇（Kenneth French）教授的数据，自1926年以来，在随后10年回报率的对比中，价值投资在90次中击败了成长投资84次。

② 由于股票价格下跌，当杠杆投资者的抵押品低于一定的最低要求时，他的经纪人会自动平仓，这会对股价下跌施加更大的压力。

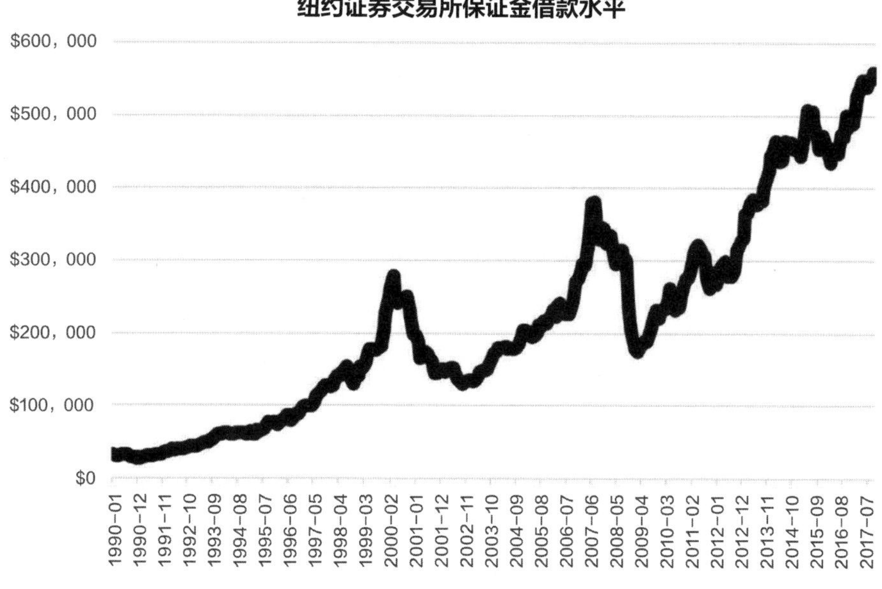

图3　保证金借款始终处于市场高峰时期的最高水平

资料来源：纽约证券交易所

价值投资者应该做相反的事情，在股票价格便宜时买入，在股票价格高昂时卖出，这就是为什么投机者和价值投资者都会关注市场运行情况。前者发现买入或卖出信号，后者利用市场先生情绪化的失常行为获利。

（2）利用狂躁抑郁并且非理性的市场先生

价值投资者的核心信念是，金融市场往往是非理性的。这能够让价值投资者以便宜的价格买入股票，并在市场再次以合理价格评估这些股票或对股票高估时卖出。当市场处于动荡时期，股票才会出现安全边际，只有使价值投资者能够采取行动并买进股票时，才应进行深度分析和投资。我们可以说价值投资者会乐于见到熊市，因为熊市为他们提供了以极低价格买入股票的机会。让我们先来讨论一下市场先生是谁以及为什么市场往往是非理性的。

市场先生的寓言是由本杰明·格雷厄姆首先提出的，目的在于解释股票市场的运作方式。想象一下，假设你是拥有一家企业的两个商业伙伴之一。另一个合伙人是市场先生，他的性情狂躁抑郁，他每天都会为你提供其所持股份的报价，当他情绪低落时会给出很低的价格，当他情绪兴奋时会给出极高的价格。幸运的是，你总是可以选择拒绝他的报价，因为你知道明天总会有新的报价，并且可能会是更好的价格。

在市场中，特别是在个股中，很容易发现非理性的行为。从1997年到2017年的标准普尔500指数图表可以看出，长期市场如何会受到短期极度恐慌情绪的影响，并且通常会与经济衰退相结合。某只股票在20年的时间内从暴涨100%开始，然后下跌50%，然后再暴涨100%再下跌50%，继续再暴涨超过220%，应该怎么评价这种行为呢？是理性的吗？此外，股票市场应该代表实际的经济活动，事实却并非如此。实际的经济活动没有经历这样大幅度的波动，并且从长远来看很容易预测。

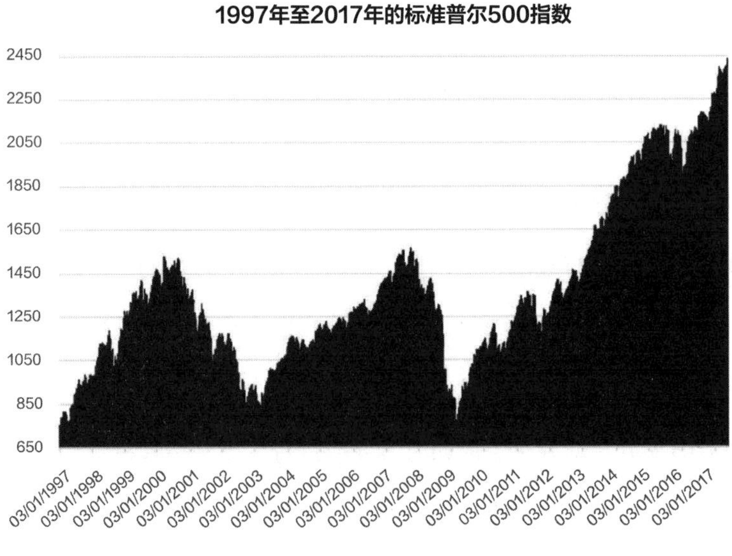

1997年至2017年的标准普尔500指数

2450
2250
2050
1850
1650
1450
1250
1050
850
650

03/01/1997 03/01/1998 03/01/1999 03/01/2000 03/01/2001 03/01/2002 03/01/2003 03/01/2004 03/01/2005 03/01/2006 03/01/2007 03/01/2008 03/01/2009 03/01/2010 03/01/2011 03/01/2012 03/01/2013 03/01/2014 03/01/2015 03/01/2016 03/01/2017

图4 1997年至2017年的标准普尔500指数

资料来源：作者的数据

即使由于收益骤减和企业破产而使股市在经济衰退期间显得非常恐怖，但经济衰退并没有持续那么长时间。根据国家经济研究局的数据显示，1945年至2009年美国经济衰退的平均持续时间仅为11个月。

因此，可以明显看出，市场的行为是如何变得非理性的，因为大多数投资者，或更准确地说是投机者，他们担心在经济衰退期间股票价格会变得更低，进而在恐慌中抛出，他们的抛售进一步加剧了下跌趋势并产生了向下推动的循环运动。同样的原则在牛市中同样有效，只是以相反的方式起作用。

价值投资者会在经济衰退中挽救局面，在某个时候大多数人会发现便宜股票和投资机会，货币政策变得适度宽松，新的牛市通常会诞生，价值投资者在市场底部从悲观者手中买入股票。当股市有所回升时，伴随着良好的经济数据，越来越多的人开始敢于投资。几年之后，人们会忘记熊市是什么，并且再次盲目地投资于股市，从而形成泡沫。金融市场的非理性不断重演，从兴奋期开始，然后通常在股票极其昂贵的情况下进入极度恐慌的市场环境，此时，我们了解的那个“世界末日”可能即将到来。

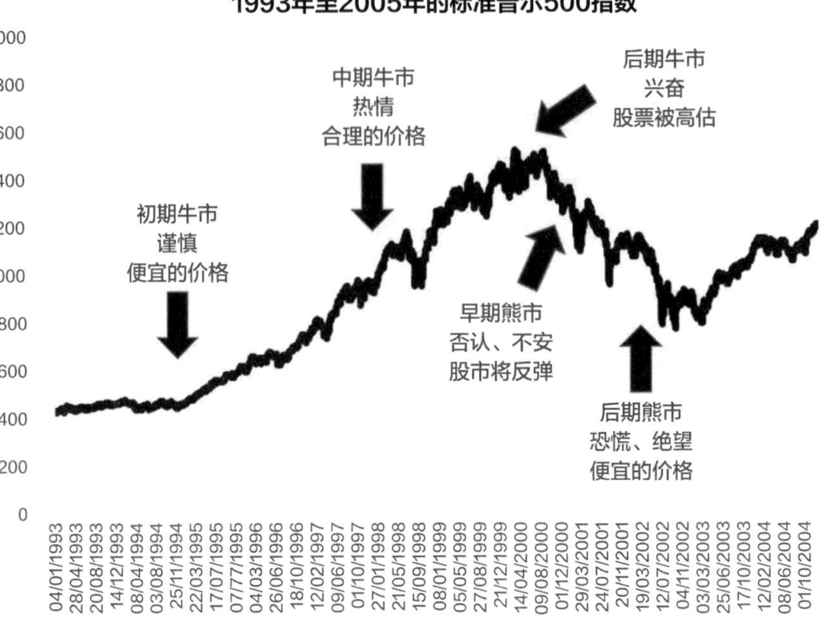

图5　股市周期

资料来源：作者的分析

在谈到市场板块和个股时，会特别强调股市周期。即使某个板块或个股的潜在长期基本面没有任何重大变化，市场价格也经常会表现得极不稳定。如果以一只股票为例的话，目前地球上最大的公司——苹果公司（Apple，纳斯达克股票代码：AAPL）能够更好地解释这个现象。在2012年6月至2012年9月期间，苹果的股票价格从80美元上涨到了100美元，这是由于人们对iPhone 5和iPad的销售表现有着极好预期。当销售数据明确显示iPhone销售“仅为”良好且苹果公司的收入在当年“仅”增长9%之后，该股票在2013年迅速跌至55美元的低点。2014年，凭借iWatch和iPhone 6的销售预期，苹果公司的股价再次飙升，在2015年其股价达到了130美元的高位。当销售数据显示，苹果公司在2015年的收益“仅为”9.22美元时，2016年4月苹果公司的股价再次跌到90

美元以下，此时的市盈率低于10倍，而标准普尔500指数的市盈率估值为24倍。此后，有关新一代令人兴奋的iPhone 7和iPhone 8的传言开始发酵，其股价在不到12个月内迅速上涨到了155美元。

与此同时，苹果公司显示出了稳定的收益，忠诚稳定的客户群，没有丑闻或类似问题，每股股息约2美元，并以每年约350亿美元回购股票。

从2012年6月到2017年6月苹果股票价格

图6 从2012年6月到2017年6月苹果股票价格

资料来源：作者的数据

基本面市场先生展现出的情绪化和失常行为永远困扰着我。如果基本面很重要，那么苹果公司的股价波动应该更小，并且股价应该随着其收益、股息和回购的增长而稳步增长。然而，正是由于市场先生喜怒无常的个性，聪明的价值投资者经常会获得优质的便宜股票，并可以在市场先生变得兴奋时以极高的价格卖出那些便宜买入的股票。

总结一下关于市场先生的故事，投资者应该记住以下几点：

- 市场是情绪化的，喜怒无常的，有时是兴奋的，有时是低落的。

- 市场往往是非理性的。
- 你不必以市场现价买入，你可以等待价格落入你的买进范围。
- 市场先生是为你服务的，而不是为你提供指导的。
- 市场从短期来看是投票机，从长远来看是称重机（收益）。
- 市场将为有耐心的投资者提供低买高卖的机会。
- 市场有时是有效的，但并非总是如此。

知道市场并非有效

我希望到现在你已经接受了市场不是真正有效的观念。然而，为了说明两种思想流派是如何演变的，非常重要的是深入研究一下股票市场和学术历史。有趣的是，这两种观点都可以让投资者赚钱，因为市场毕竟是一个正和游戏，不过价值投资者比被动投资者的表现要好得多。

第2章 价值和行为金融学

投资者最重要的品质是性格，而不是智力。

——沃伦·巴菲特

有效市场假说和被动投资工具问题

对于那些采用极端有效市场理论的人，我对他们有一个特别的称呼，那就是“疯子”。这是一个需要智力来应用的理论，这样就使他们有了进行精确的数学计算的机会，所以我理解该理论对具有极高数学天赋的人充满着诱惑力。我难以理解的是，其基本假设与现实情况并没有十分紧密的联系。

——查理·芒格（Charlie Munger）

市场效率的概念是指低风险带来低回报，同时只有高风险才会带来高回报。1952年首次正式提到这个概念的人是诺贝尔奖获得者哈里·马科维茨

（Harry Markowitz），他被称为现代投资组合理论之父。

芝加哥经济学院进一步发展了有效市场假说，尤其是尤金·法玛（Eugene Fama），另一位诺贝尔奖获得者。法玛在1970年的财经杂志上发表了一篇题为《有效资本市场：理论与实证研究的概述》的文章，这为近半个世纪以来一直在进行的盲目投资奠定了基础。有效市场假说背后的主要概念是股票价格始终是正确的，因为市场的所有新信息都迅速反映到了价格上面。因此，选择股票是没有意义的，因为每只股票价格都应该与其已知的风险和收益相对应。

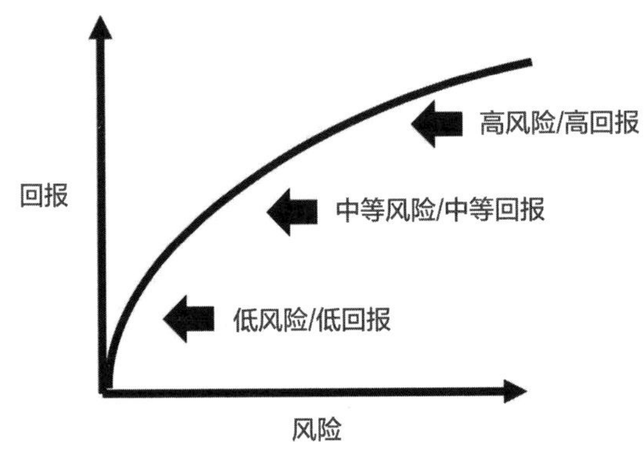

图7　根据现代投资组合理论的风险与回报

资料来源：作者的观点

这样的观点导致了被动投资计划的广泛采用，他们认为投资者应该只是以当前价格买入一篮子股票而不必考虑任何事情，因为市场会照顾好他的回报。许多机构投资者完全无视基本面分析并仅根据市值买入股票，公司的价值越高，他们买入的就越多。

在这个时刻，很少有人能够理解被动投资工具的大幅增加将会造成自损的后果，因为如果每个人都投资指数基金，那么谁会根据新的信息调整市场价格呢？当只有少数人进行基本面分析时，他们无法撼动股票价格，即使基本面或基础业务发生变化，股票也会按照以前的趋势方向继续行进。

与被动投资工具和有效市场假说相关的另一个问题是指数中包含的潜在资产流动性，只要指数型基金有足够多的股票可以被买进，有效市场理论就能很好地运作。但当指数型基金买进了市场中的大部分股票时会发生什么？这种情况已经发生在了黄金类股票身上，范埃克黄金ETF（Van Eck Gold ETFs）在每只黄金类股票上都持有10%至20%的股份，这清楚地表明基本面将不断失去重要性并且系统性市场风险将不断增加。

当拥有这些被动投资工具的人开始恐慌性抛售时，第二个流动性问题就出现了。指数型基金或ETF将被迫抛掉各自资产，以便将资金返还给投资者或降低其市场风险。在熊市中，这种交易将不会有对手盘，特别是每个人都会知道这些ETF是被迫出售的时候。因此，我们可以预见未来的股市下跌幅度将超过我们过去20年的水平。

价值投资胜过成长投资

聪明的投资者是一个现实主义者，他把股票卖给乐观主义者并从悲观主义者那里买进。

——本杰明·格雷厄姆

比较有趣的是，诺贝尔奖获得者尤金·法玛以及有效市场热潮背后的主要支持者们，他们的观点随着时间的推移逐步发生了转变，并且承认价值投资确实胜过成长投资。有两种市场异常现象表明市场根本不是有效的，那就是规模和价值。法玛通过额外风险解释了价值投资的优异表现，但我们在后面部分中会看到，价值投资者以不同于学术界的方式对待风险。法玛和法兰奇在1993年的金融经济学期刊上发表了如今非常著名的一篇文章，其标题为《影响股票和债券收益率的常见风险因素》，并在其中公布了这些研究结果。因此，市场是无效的，你可以通过遵循价值策略和购买小盘股（市值低于20亿美元的股票）来轻松战胜市场。

科学地证明价值投资始终可行的方法

法玛和法兰奇所做研究中的非常有价值的数据可以在互联网上免费获得。我借用了这些数据，下图显示了自1927年以来各个市场的价值投资组合和成长投资组合之间的年度回报差异，其中的所有投资组合均持有10年。价值投资组合是通过将所有市净率排名处在最低的30%以内的股票加入进来创建的，而成长投资组合是通过将所有市净率排名处在最高的30%以内的股票加入进来创建的。因为通常高市净率指的是成长股，两者的比较结果令人难以置信。

图8　自1926年以来价值投资组合比成长投资组合的年均回报率高4.6%

资料来源：肯尼斯·法兰奇的数据

平均而言，市场价值投资组合在未来10年内以每年4.6个百分点战胜市场成长投资组合。仅在1929年、1930年、1999年、2004年、2005年和2006年，成长投资组合在未来10年内击败了价值投资组合。也就是说，在过去90年中仅有6次。为了向你展示实际上每年4.6%的差异有多大，我下面将快速计算出一个比较结果。由于市场平均年回报率为8%，成长投资组合回报率为5.7%，价值投资组合回报率为10.3%。经过10年，以100 000美元的投资组合计算，两者相差达92 455美元或者说几乎相当于100%的初始投资金额（100 000美元，以5.7%的年回报率计算结果为174 080美元，以10.3%的年回报率计算结果为266 535美元）。

如果价值投资总是战胜成长投资，为什么不是每个人都是价值投资者

投资者倾向于顺应人性，追求投资捷径，追求增长带来的兴奋感以及超额回报的承诺。另一方面，价值投资天生就很枯燥，所有你需要关注的就是市净率[①]，通常只有平淡无奇的公司才具有较低的市净率，没有太多令人兴奋的增长预期，但是具有与资产账面价值以及稳定的收益相关的安全边际。

问题在于只要经济周期处于上升趋势，增长预期就可以实现，不过一旦经济出现衰退，增长就会停止，许多那些承诺良好预期的公司突然发现自己没有机会进一步注入资产并以破产告终。另一方面，价值型股票始终可以依赖于所拥有的资产，并且可以抵御任何经济风暴。从长远来看，价值降低了风险，这是进行投资的最关键之处，而不是公司承诺。

如何提高价值投资并且只有关注市净率一种方法吗

除了股票的市净率之外，法玛和法兰奇没有关注任何其他指标。但是，我坚信，如果投资者避开那些在未来显然没有更多价值的行业，那么价值投

① 市净率（Price to Book Ratio, P/B）是指每股股价与每股净资产的比率。市净率可用于股票投资分析，一般来说市净率较低的股票，投资价值较高，相反，则投资价值较低。

资以及法玛和法兰奇分析方法的回报都会变得更好。伯克希尔哈撒韦公司（Berkshire Hathaway）就是一个很好的例子，由于纺织厂在20世纪60年代非常便宜，巴菲特当时曾经购买过一家纺织厂，这就是曾经的伯克希尔哈撒韦公司，但最终在20世纪80年代关闭了所有纺织业务，这在现在听起来很有趣，伯克希尔公司是巴菲特最糟糕的投资之一，因为该投资花费了很多资金却取得了相对较少的回报。尽管如此，他通过伯克希尔购买的资产还是取得了了不起的成就。

因此，在一些衰退行业中，大部分公司的账面价值都会最终受损，如果你能够设法避免这些衰退行业，我坚信可以在一个经济周期期间进一步提高价值组合与成长组合之间的回报差异。人们必须做的唯一事情就是运用常识并买入那些拥有有形资产的价值股，无论经济情况如何，这些资产都将保有价值，甚至在通货膨胀高企的情况下能获得更多升值。

因此，如果你倾向于相信近100年的股票市场数据，而不是相信最近的投资潮流，那么你就是价值投资者。造成市场异常和有效市场假说失真的因素通常与人们的心理本性相关。研究人们在投资和财务方面如何非理性行事的经济领域属于行为金融学。

对于专业和兼职投资者而言，价值投资都是最佳策略

价值投资方法很难，因为它往往与最新的投资时尚以及其他人的投资行为相反。然而，正如诺贝尔奖获得者尤金·法玛在他的研究中所描述的那样，随着时间的推移，价值投资会带来更高的回报。与安全边际相结合，价值投资能够战胜所有其他投资策略。

价值投资最好的一面是任何人都可以应用，因为如果你找不到满足价值标准的股票，你只需不去进行投资，当你找到一个符合标准的股票的时候，

你可以心态平和地进行投资，因为安全边际使得资本损失的风险变得很小。因此，即使是兼职投资者也可以从这一策略中受益。但是，必须提醒你，该策略通常不会受到主流投资界的青睐。

价值投资理念——通常都不受青睐

> 个人和机构投资者都经常表现出无法根据企业基本面做出长期投资决策。
>
> ——赛斯·卡拉曼

正如我们已经提到过的，成长投资是令人兴奋的，并且凭借对快速致富的承诺，很容易吸引大多数投资者。这对大多数投资者来说都是不利的，对价值投资者来说却十分有利，因为它会造成市场失效，并让价值投资者能够利用它们获利。如果大多数投资者都是价值投资者，那么就几乎不可能找到便宜股了。因此，价值投资者对于大部分时间都要进行逆向投资必须保持平和心态。即使随着时间的推移价值投资会获得极高的回报，不过大多数投资者仍然倾向于选择其他投资策略。

在牛市中你经常会听到的一句话就是价值投资已经死亡，这是当时对于价值投资的态度，因为大多数人都在追逐科技股，并且被动地管理着指数基金。在20世纪90年代，情况也是如此，每个人都在追逐网络股票，我们现在都已经知道了那次冒险的结局如何。在20世纪80年代，华尔街专注于企业收购和杠杆收购，估值根本不重要。在20世纪60年代，“漂亮50”[①]股票具有非常

① “漂亮50”（Nifty Fifty）是美国股票投资史上出现的一个非正式术语，用来指20世纪60年代和70年代在纽约证券交易所交易的50只备受追捧的大盘股。

高的市盈率，许多人认为，考虑到未来惊人的增长和过去的表现，这么高的市盈率是合理的，而早在1929年，股票市场就已经被认为达到了永久性的高位。在这些和许多其他经济环境下，价值投资通常会被宣告死亡，因为涨潮浮起了所有船只。当潮流发生变化时，所有这些热门策略都会失效，而价值投资已经通过大量历史测试证明是永恒有效的。但是，你必须要经历一段其表现不佳的时间，你的邻居甚至你的姐夫都可能获得更高的回报，解决这一问题的最佳方法就是关注绝对回报而非相对回报。

相对绩效和绝对绩效

大多数投资者和基金经理都采取了相对绩效导向，其重要目标是击败市场，而市场是亏损还是盈利则不那么重要。

一些投资者——价值投资者——采取绝对绩效导向，他们不关心市场表现，他们关心的是自己的投资回报以及与自己的投资目标相关的风险。

相对绩效的另一个问题是它是一个自我实现的预言，它会长时间增长，但通常会瞬间崩盘。由于每个人都只是想在短期内战胜市场，他们认为最好的做法是跟随市场的微幅调整，希望能够超越市场表现。当基金经理采用的策略可能产生与市场回报呈负相关的短期回报，但承诺的是长期的低风险和高回报，那么暂时表现不佳会导致基金客户提取资金以及基金经理失去工作。因此，在华尔街，每个人都只是做其他人在做的事情，因为这是最安全和最明智的职场生存方法。

然而，在某个时间点，慢慢建立起来的盲目投资的纸牌屋最终会坍塌，大多数人会突然明白他们一直在追逐一个幽灵，也就是相对绩效。通过持有一个多元化的投资组合，使其中的每只股票都具有安全边际并且互相之间不具备相关性，虽然价值投资者可能会在短时间内逊于指数表现，但肯定会在长期内优于指数表现，特别是在熊市期间。熊市期间较小的亏损是成长或潮流投资者与价值投资者之间长期回报差异的最大影响因素，让我来为你举个例子。

示例——罕见的大幅亏损对长期回报的影响

100 000美元的投资组合以4%的复合增长率计算，20年后将获得210 650美元的回报，与当前的国债收益率或银行存款利率相比，其回报率相当之高。然而，没人愿意考虑的是股票总是存在着产生50%亏损的风险。如果经济衰退来袭，市场下跌50%，我们假设经济衰退发生在这20年间的第四年，就像2000年和2008年的情况那样，即使在经济衰退之后，投资回报率增加到每年8%。20年后，累计回报仅为178 413美元。如果我们再增加一个亏损25%的年份，假设发生在这20年间的第十三年，那么累计回报将降到123 898美元，尽管从第五年开始每年的回报率为8%。

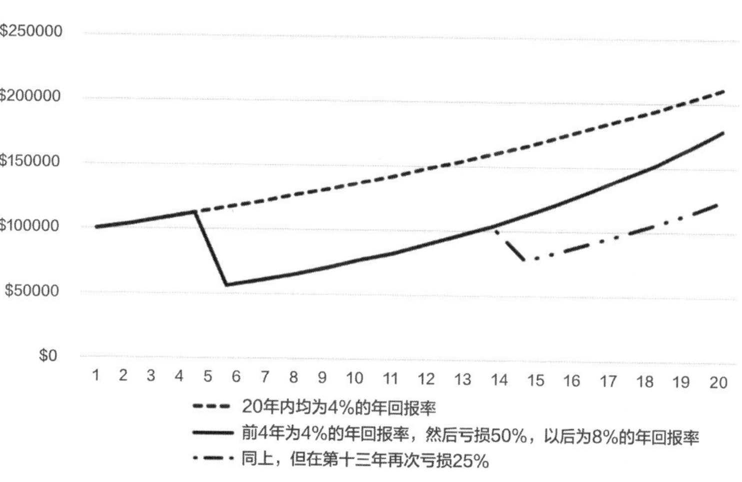

图9 在没有下跌、下跌50%及下跌25%情况下的投资组合回报

资料来源：作者的分析

这就是价值投资的要点所在，要在向下的市场周期避免大幅亏损，熊市

总是会到来，即使在牛市中没有人认为可能会有不好的事情发生，而价值投资者能够设法获得长期超额回报。在成为更优秀的投资者的过程中，能够帮助投资者进一步了解自己以及市场行为的途径是行为金融学。

了解行为金融学

> 拉斯维加斯每天都很忙碌，所以我们可以知道不是每个人都是理性的。
>
> ——查尔斯·埃利斯（Charles Ellis）

自从卡尼曼（Kahneman）和特沃斯基（Tversky）于1979年发表了他们的开创性论文《前景理论：风险决策分析》（*Prospect Theory: An Analysis of Decision under Risk*）[①]之后，行为金融学在金融领域逐渐受到了欢迎，他们将心理学与金融学联系起来，从而使有效市场假说的谬误变得愈加明显。

行为金融学的基础是人们在参与金融活动时不会表现出理性行为。然而，理性是有效市场假说的基础。在许多行为金融学课题中，上述前景理论（Prospect Theory）和亏损厌恶（Loss Aversion）是最著名的。

前景理论指出，由于投资者根据感知收益而不是感知亏损做出决策，因此对于收益和亏损的估值存在着差别。

例如，有两位投资顾问将同一基金推荐给投资者，第一位顾问告诉投资者该基金在过去3年的平均回报率达到了10%，第二位顾问告诉投资者，该基金过去10年的回报率高于平均水平，但回报率在过去几年一直在下降。根据

① 丹尼尔·卡尼曼（Daniel Kahneman）和阿莫斯·特沃斯基（Amos Tversky）发表于《计量经济学》杂志（*Econometrica*），47(2)，pp.263–291，1979年3月刊。

前景理论，大多数投资者会选择从第一位顾问那里购买，因为他没有提到亏损或下跌，即使两个基金是相同的。

前景理论解释了为什么那么多人在高价买入却只在市场恐慌中以低价卖出。通过预期近期的未来走势，投资者对他们买入的股票充满信心，即使从理性的角度来看，股票价格越高，他们的回报就越低。在股市下跌的情况下，投资者会继续预期近期还将下跌，并卖出股票以防止产生更多亏损。

至于亏损厌恶，心理学研究[①]表明，同等数额的亏损与收益相比，前者产生的伤痛是后者产生快乐的两倍。由于人们讨厌亏钱要多于享受赚钱，亏损厌恶导致了恐慌性抛售，因为投资者担心股市会下跌更多，因此担心会亏损更多的资金。低价卖出是投资者可能做的最糟糕的事情，但抛售踩踏通常会为价值投资者带来逢低买入的机会。

还存在着更多市场异常的例子，但这超出了本书的范围。为了简单起见，只需看看周围进行股票投资或其他投资的人，问问自己这些人是否具备相关的知识和心态，能否始终做出理性的投资决策，并进行适当的风险回报计算。

你可能得出的结论是，你认识的大多数人都没有必要的知识来做出理性的投资决策。不过，所有这些人都是市场的一部分，因为我们每个人都持有着全球股票市场的一小部分股票，无论是直接投资还是通过投资基金。由于我们大多数人在做出投资决策时都不是理性行事，因此整个市场就可以被定义为非理性的。

---

① 丹尼尔·卡尼曼和阿莫斯·特沃斯基：《前景理论的改进：不确定性的累积表现》（*Advances in prospect theory: Cumulative representation of uncertainty*），《风险与不确定性》杂志5(4)，PP.297−323。

第3章 定义风险，价值投资方式

> 遗憾的是，系统越复杂，出错的空间就越大。
>
> —— 乔治·索罗斯（George Soros）

什么是投资风险

> 太关注价格上涨，很容易忽视风险。
>
> —— 赛斯·卡拉曼

价值投资者在投资时首先要考虑的不应该是预期回报，而应该是投资风险。通过专注于使风险保持最小化，你可以真正找到风险很低甚至没有风险的投资，并获得非常积极的回报。通常，风险越低，回报越高。这可能与你在学校学到的东西完全相反，但正如我们已经讨论的那样，市场并不有效，因此风险也并不有效。在深入探讨价值投资之前，必须先要透彻理解风险究竟是什么，因为市场所理解的风险实际上并不是风险，而只是波动性。波动性是价值投资者的朋友。

最流行的风险定义——通过标准差测量的波动率

99%的金融机构将风险定义为投资的实际收益与预期收益不同的概率。这个风险用标准差来衡量，其中高标准差表示高风险，反之亦然。标准差由股票价格的过去走势与一般股票市场走势相比较得出。

两个常用的风险模型——贝塔系数（β系数，Beta Coefficient）和风险价值（Value at Risk，简称VAR），它们都是基于标准差计算出来的。两种模型都根据过去的数据来确定未来的风险，然后为你提供一个盈利和亏损的概率。

这些模型的问题在于，你可以轻松地操纵数据以使资产的风险水平看起来较低。让我来向你展示一个标准普尔500指数的例子。

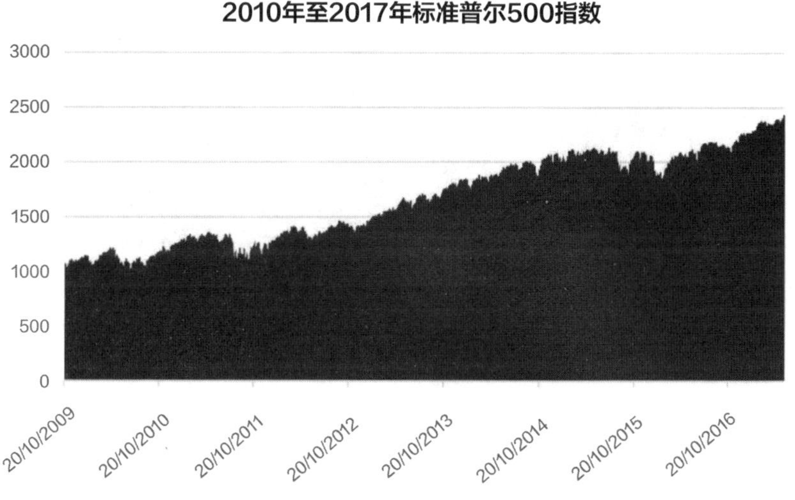

图10 2010年到2017年标准普尔500指数看起来非常稳定且风险最小

资料来源：作者的数据

如果我通过2010年至2017年的标准差来评估投资标准普尔500指数的风险，那么投资于指数的风险很小，因为指数的标准差非常低。此外，这也似乎是一个很好的投资机会，因为标准普尔500指数只有很小的回撤而且持续时间较短，它看起来只能上涨。这种根据简化数据评估风险所暴露出来的问题，很好地解释了以前在评估20世纪90年代网络股票风险以及评估经济衰退之前次级抵押贷款风险时的情况，其问题在于缺乏历史先例。

然而，通过从20年的角度来观察标准普尔500指数，我们可以看到标准普尔500指数拥有足够多的历史先例，因而标准差也更大。

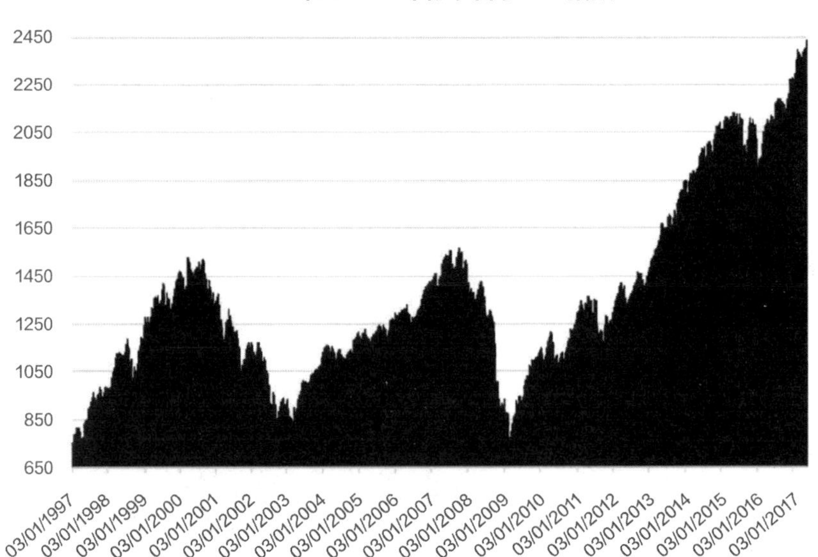

图11　1997年到2017年标准普尔500指数看起来并不稳定

资料来源：作者的数据

从长期来看，在2017年投资标准普尔500指数的潜在亏损超过70%。大多数投资者更喜欢短期风险分析，而长期分析则大多留给了枯燥的价值投资者。但请记住，在过去90年中，价值投资者有84个年份都跑赢了市场。

以上讨论引出了另一个与风险相关的概念，而且许多人并没有对其形成正确的理解。在金融界和学术界，他们会理所当然地接受一个概念，那就是风险越高，则潜在回报越高，反之亦然。我发现这个概念完全存在谬误，因为，首先，我不会通过波动率（标准差）来评估风险，其次，当根据标准差模型得到的风险最高时，似乎在实际上却是最低的，因为这时的股票除了上涨以外没有其他选择。决定你回报的因素绝不是风险，而是更简单的因素——价格。

如果标准普尔500指数从当前的水平下跌40%（我写这本书时为2 600点），大多数市场参与者会开始惊呼市场的风险太高了，因为随着波动性和不确定性的增大，标准差也会增大。然而，价值投资者会简单地认为市场价格比以前便宜很多，并且预期未来会有更高的回报，因为股票的起点较低，而长期来看企业的盈收会达到同等水平。此外，较低的标准普尔500指数意味着潜在亏损（即风险）较低。

这就引出了我们在学术界和主流金融中没有使用的一个风险概念，但这种概念总是出现在那些长期战胜市场的投资家的讨论中（巴菲特、芒格、格雷厄姆、卡拉曼、林奇……）。价值投资者将风险定义为永久性资本损失的概率。将其置于个人层面，风险最好被定义为我们未达到财务目标的概率。如果你在65岁时没有达到你的退休财务目标，那么你就不会再去考虑由于投资于较低波动性的股票，才会获得很低的回报，你会绝望地回忆人生中的几次投资，冒着很大的风险却获得了很小的回报。

因此，风险最好被描述为你在某项投资中能承担多少亏损。这个定义很简单，但华尔街不能使用该定义，因为每项金融资产不管在哪个价位肯定总是会有下跌70%甚至更多的风险。如果华尔街的基金经理将这些告诉他们的客户，那么金融行业的规模可能只是现在的1%，因为，如果强调的是风险而不是回报，就没有人会购买那些投资工具。

从长远来看，我能承担多少亏损？根据基本面定义风险

不同的风险定义方法可以让你关注企业的长期业绩，并将其长期收益与当前价格、市场环境和前景进行比较，以判断企业是否会面临结构性压力以及永久性资本损失的风险有多大。此外，分析企业的每个细节以确定其内在价值才是价值投资的关键。而且，以相对内在价值具有较大折扣（安全边际）的价格购买股票会有更多益处，这就是为什么价值投资者最重要的风险衡量标准是他为所得到的价值付出了多少价格。价格越低，风险就越低，股市在上个月或一年前发生的事情与当前投资的风险无关。

让我们继续以标准普尔500指数为例，一些投资者之所以在过去10年取得了最佳回报，这是由于他们在最糟糕的时期（2008年末和2009年初）进行了投资。当时，由于未来的不确定性和高波动性，股票被认为是最具风险的投资，但由于估值偏低，当时的股票也非常便宜。更多关于估值、长期平均收益、安全边际、内在价值和风险的技术方面的内容将会在本书第二部分进行介绍。

想象一下，下次调整或熊市出现时你要采用的股票投资方法。如果你愿意在2 600点以上买入标准普尔500指数，我想你会更乐意在1 600点以下买入，因为那时它会更便宜，你会获得更多回报。这对于大众而言是非常遗憾的，而对于那些了解市场如何运作的人来说却是非常幸运的，很少有人具备这种投资心态，因为多数人有着不正确的风险概念。改变这个概念是非常困难的，因为它的根源在学术界根深蒂固，随后又转移到了实际应用当中，那些有缺陷的模型被反复地使用着。然而，只要保持这种态势，价值投资者将始终拥有优势并胜过其他投资策略。

黑天鹅和风险

另一个不能包含在模型中的风险概念是黑天鹅。纳西姆·塔勒布（Nassim Taleb）在他的著作《随机致富的傻瓜》（*Fooled by Randomness*）一书中推广了这一概念，他将黑天鹅描述为那些具有重大的影响和意义但不可提前预测的小概率事件。

我们来举几个黑天鹅的例子，其中一个就是美国的违约，全球贸易的停止引发了不可预见的后果，导致全球经济衰退，或者说是恶性通货膨胀。

在这个时刻，没有人会考虑到恶性通货膨胀，因此这是一起黑天鹅事件，黑天鹅很难预测。其影响是显著的，事后看来，恶性通货膨胀的发生很容易解释为由于世界各地宽松的货币政策造成的。

当一只黑天鹅出现时，所有使金融世界保持稳定的假设条件都会失效，并会产生新的假设条件，这会对资产价格产生巨大影响。有趣的是，黑天鹅一直在发生。最近的黑天鹅的例子是互联网泡沫破灭，雷曼兄弟公司倒闭。这些例子在事后都很容易得到解释，但金融界的绝大多数人在当时都没有觉察到它们。

我不知道将来会有什么样的黑天鹅在等着我们，但我确信有一只黑天鹅正在酝酿之中，并且无法通过标准风险指标来进行预测。价值投资者唯一能做的就是，通过购买一些符合要求的资产来作为保护措施，这些资产应该满足无论经济环境如何变化它们都始终具有安全边际并且具有与所支付的价格相对应的实际价值。

价值投资的风险定义

基本上，我们都在以资产的当前价格或我们认为其所值的价格来购买价值。

——沃尔特·施洛斯（Walter Schloss）

价值投资者将风险定义为亏损概率和潜在亏损金额，因此投资风险是不利结果的概率。为了理解我们投资的风险，我们需要知道它的结果，这包括了解将来会发生什么，这是从来没人能够成功做到的事情。

遗憾的是，没有可用的数字来描述风险。表现良好的投资在事后被称为低风险投资，而结果糟糕的投资被称为高风险投资。但是，即使一切都按计划结束，我们也无法知道该投资是否具有高风险。因此，风险仍然是我们对一项具体投资的个人看法。

尽管我们无法确定风险，但是至少可以采取三项措施来抵消风险。这些措施包括：首先，适当的多元化，其中的一项投资要准备应对各种市场变化（详见后面关于全天候式投资组合的章节）。其次，价值投资者在时机适合并且费用不高的时候对其持仓进行合理对冲（详见后面关于对冲的章节）。最后，也是最重要的一点，价值投资者的投资应具有安全边际，这意味着无论发生何种情况，永久性资本损失的风险都很小。

利用波动性（即风险）获利

暂时的价格波动不应被视为风险，而应被视为机会。如果股票价格下跌，许多人会认为风险很大，但是，在许多情况下，企业的基本面根本不会恶化，或者比股票价格的恶化程度要小得多，我们稍后会看到辉瑞[①]股票的例子。该股票的运行情况是一个完美的例子，能够说明市场认为风险较高的股票如何成为对价值投资者来说风险较低的股票。

避免市场波动是不可能的，但我们必须要避免为我们的投资付出过高的价格，并尽量避免那些处于前景不乐观的行业并且基本面不断恶化的公司股票。如果你以折扣价买进那些提供良好价值的公司，你的风险就会很低，因为从长远来看，价值最终将反映在价格当中。

赛斯·卡拉曼在他的《安全边际》一书中向我们介绍了一个很少有人理解的概念：股价下跌可以增加你的长期回报。假设你以10美元的价格买进x公司股票，股息收益率为5%。如果次年价格下降到5美元而基本面保持不变，并且你将股息以较低的价格进行重新投资，那么你的最终回报会远远高于股价保持稳定的水平。

初始投资金额	**情景A—稳定的股票价格**		
10000 美元	2017 年	2018 年	2019 年
股票价格	10 美元	10 美元	10 美元
年初持股数量	1000	1050	1102.5
每股股息	0.5 美元	0.5 美元	0.5 美元
股息再投资总额	500 美元	525 美元	551.3 美元
年终价值	10 500 美元	11 025 美元	115 763 美元
年终持股数量	1 050	1102.5	1157.63
回报总额			16%
初始投资金额	**情景B—不稳定的股票价格**		
10 000 美元	2017 年	2018 年	2019 年
股票价格	10 美元	5 美元	10 美元
年初持股数量	1 000	1 050	1 155
每股股息	0.5 美元	0.5 美元	0.5 美元
股息再投资总额	500 美元	525 美元	577.5 美元
年终价值	10 500 美元	5 775 美元	12127.5 美元

① 辉瑞制药有限公司（Pfizer）是美国一家跨国制药公司，其总部设于纽约。

[续表]

初始投资金额	情景B—不稳定的股票价格		
年终持股数量	1 050	1 155	1212.75
回报总额			21%

图12 股票价格下跌将如何增加投资回报

资料来源：根据赛斯·卡拉曼的观点由作者计算的结果

在上面的例子中，50%的股价下跌实际上使3年后的总回报率提高了31%。从技术角度来看，这种观点从本质上很容易理解，但从行为角度来看却极难以应用。没有人愿意看到股价下跌，即使这意味着更高的长期回报。然而，如果下次股价下跌，你会感到高兴，因为它会让你买入更多数量的股票并增加你的长期回报，在你掌握了价值投资的那一天，你可以适当地奖励一下你自己。

从社会角度来看，目前的股价非常高。这可能看起来很好，许多人都会感到很欣慰，但这也意味着你的退休基金的股息在不断进行再投资，而用同样股息金额在高价位买入的股票数量要少于在低价位能够买入的股票数量。遗憾的是，即使它是反直觉的，目前的高股价也会导致大多数市场参与者的未来财富减少。

正的不对称风险回报是最终的投资目标

需要理解的与风险相关的最后一个概念是不对称风险回报，理解了这个概念可以让你获得长期超额投资回报。

不对称风险回报是股票投资的本质，对于那些想要战胜市场的人来说也是必不可少的。不对称的风险回报既可以是正的，也可以是负的，正风险回报使你能够在相同的概率条件下获得比潜在亏损数额大得多的潜在回报。负风险回报是指你的潜在亏损大于潜在正回报。

通过坚持将具有正不对称风险回报的股票加入你的投资组合，你将以很小的风险获得极高的回报，这是价值投资的关键所在。

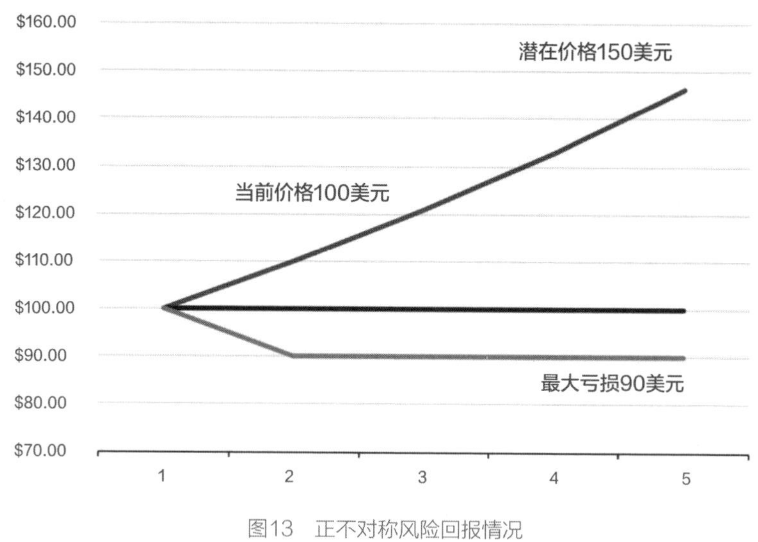

图13 正不对称风险回报情况

资料来源：作者的观点

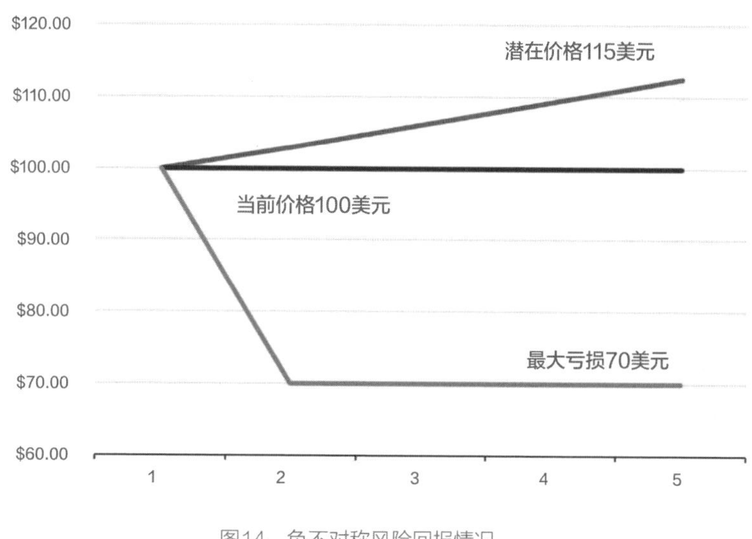

图14 负不对称风险回报情况

资料来源：作者的观点

金融市场的问题或机会是投资者通常关注的是收益而不是风险，这在牛市期间更为明显，因为人类本性就是倾向于忘记不好的体验而只记住好的体验。距离上一次熊市已经超过了8年时间，许多人在投资时已经完全不顾风险，将注意力全都放在了回报上面。这就是为什么你经常会听到人们讨论收益率、回报率、股息率、息票率，等等。但你很少会听到在不同经济环境下对风险的详细分析。

通过首先关注风险，只有风险小于回报时，你才能找到存在不对称风险回报的机会，这将让你能够使回报最大化并使风险最小化。

当前市场风险回报案例

我想举例说明当前市场的风险回报情况（2017年底），在你阅读本书时这些分析可能已经是过时的了，但这仍是一个很好的学习案例。

这里有一个简单的计算方法：计算所有股票总体的回报率得到的结果将与它们的收益率及经济增长率相一致。目前标准普尔500指数的市盈率约为25，收益率为4%。随着经济预计将以1%至3%的速度增长，这些收益率在未来将不会有太大增长，因此，我们可以假设股票的年均长期回报率为5%。

在风险方面，经过8年的经济扩张后，在未来5年发生经济衰退的可能性很大。假设在未来5年发生经济衰退的概率为50%，因此，有50%的概率从股票获得5%的预期年回报率，并且有50%的概率看到股票下跌50%，就像过去两次经济衰退一样。这意味着，对于每100美元来说，指数投资者以50美元的风险换取27美元的回报（100美元5%年回报率的累计收益）。

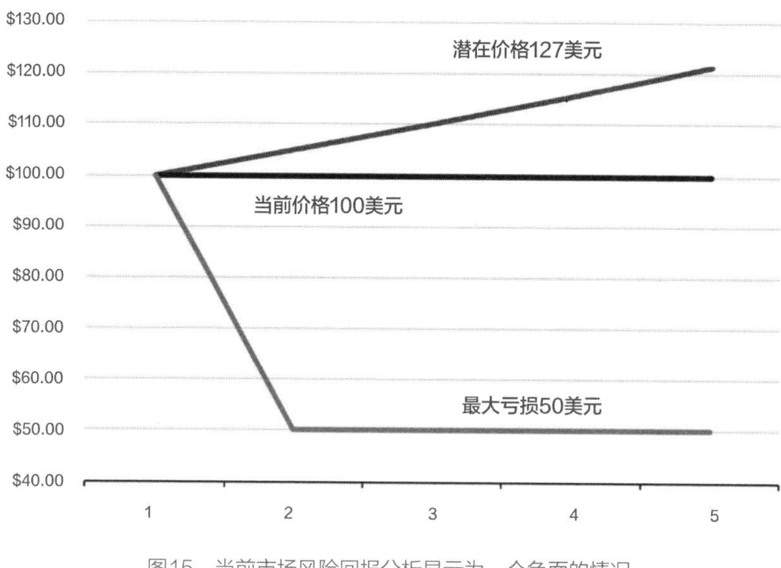

图15 当前市场风险回报分析显示为一个负面的情况

资料来源：作者的观点

市场参与者感知不到这一负不对称，但这一不对称可能导致在未来产生意料之外的不佳业绩，而这将再次为价值投资者创造绝佳的投资机会。

如何将正不对称风险回报应用于你的投资组合

这说起来容易做起来难，但考虑到你的投资范围是全球数千家公司，你还是有机会发现具有有限下跌风险和巨大上涨潜力的股票。限制风险的指标可以是基本的，甚至是定性的。基本风险指标包括账面价值、稳定的现金流、每股现金流和其他一些指标，这些指标限制了下行空间，而较高的潜在收益提高了上行空间。

要考虑的定性因素是增长。由于积极的行业环境、宏观或人口结构趋势，使一些公司具有较大概率实现长期可持续增长，相比那些债务负担相对较重且受经济增长缓慢限制的公司，就像标准普尔500指数中的很多成分股那样，前者可能带来更高的回报率。

最后一个关于投资的秘密也很简单。你分析的股票越多，就会发现越多正不对称风险回报的股票。根据我的经验，我可以告诉你，投资世界不是一个难以捉摸的领域，并不是非常聪明的人在一直完美地给资产定价。那是一个很小的世界，只有很少一些分析师在跟踪分析一只股票。因此，股票价格——特别是小公司的股票价格——往往会得到极其无效率的定价，即使是有一点耐心的业余投资者也能找到出色的投资机会。

另一方面，即使每天只有15分钟，你也可以通过跟踪分析一些大盘股来实现极高的回报率。那么关键是当收益回报令人满意时买入，而当这些股票价格过高时不动手。从长远来看，通过创造一个长期的正不对称风险回报的投资组合，将会让你以较低的风险获得超额回报。

第4章 现代化价值投资

> 如果你想取得比多数人更好的业绩，就必须做出不同于多数人的事情。
>
> ——约翰·邓普顿

扩展价值投资心态

> 所有的税收都会压制某些事情。为什么要压制像就业或投资这种有益的事情，而不压制像污染那种有害的事情呢？
>
> ——劳伦斯·萨默斯（Lawrence Summers）

起初，价值投资主要是关于寻找打折的便宜股票，并在下跌时买进。现在距离格雷厄姆完善的价值投资策略已经差不多过去将近一个世纪，市场环境已经有所改变。然而，格雷厄姆的原则仍然有效，上世纪形成的一些概念使得价值投资的理念得到了扩展，这些概念的主旨都是降低风险并提高回报。

本章将讨论税收、股票价格变动、乐观主义、反身性理论、公司治理和华尔街。

不要害怕缴税

没有人愿意缴税，但正如本杰明·迪斯雷利（Benjamin Disraeli）所说："人生中只有两件事是确定的，那就是死亡和税收。"根据你的居住地和你拥有的账户结构的不同，税收会有差别。例如，荷兰没有资本利得税，但无论你如何进行投资，你每年都必须支付1.25%的固定税。这听起来可能很不错，但如果你的年均回报率为6%，那你必须为你的收益支付20%的资本利得税，那么你的税率会比荷兰的固定税率更低，因为你只需支付占投资组合1.1%的税费。

对于价值投资者而言，从资本利得税的角度来看，重要的是不要害怕缴税。如果你因为觉得一只股票便宜，以每股100美元的价格买进，一年之后股票价格上涨到200美元，你的20%净收益的资本利得税将是20美元。现在，一些人不会卖出，将20美元留在投资组合并享受持股带来的红利。但是，不卖的机会成本可能远远超过你必须缴纳的20美元税费。

首先，该股票在200美元时不再是便宜股，并可以轻松跌到180美元或150美元，如果你以100美元的价格买入，你很可能不会以200美元的价格买入该股票。其次，可能还有其他便宜股，目前市场还没有发现其价值，只是为了节省20美元而保留第一只股票，可能会让你在另一只股票上失去税后的100美元或80美元收益。居住在具有资本利得税的司法管辖区的投资者必须将税费成本计算到他们的策略中，以便确切知道自己为什么要买入以及何时为何要卖出。

了解你所居住国家的与投资相关的税收制度非常重要。你的经纪人肯定会为你提供帮助，只需给他打个电话即可。如果是在线经纪人，可以不断进行询问，直到得到你需要了解的所有信息为止，以便做出与税收相关的正确投资决策。

区分股票价格波动与潜在的企业现实

解释股票市场与潜在企业现实之间的差异的最简单方法就是通过提出一个简单的问题：你明天要吃饭还是给手机充电？无论股市发生了什么，你可能都会做这两件事。至关重要的是你要懂得，无论股市发生了什么，绝大多数人还会继续像往常那样生活，这将反映在大多数企业的长期收入和收益上。

有关股票价格有时会脱离现实的一个完美的例子是辉瑞公司（纽约证券交易所代码：PFE）的股票价格行为与2009年金融危机期间该公司的收益之间的比较。辉瑞是世界上最大的制药公司之一，无论经济或股市状况如何，人们总是会服用该公司的药物。也许头疼药物在熊市中还会卖得更好些，但这是另外一回事。因此，辉瑞公司的股价对经济危机或股市恐慌做出反应是不合逻辑的。然而，在股市恐慌中，大多数投资者都会不顾企业的稳定性或者其与经济趋势的相关性，而只会抛售所有股票。

图16 在金融危机期间辉瑞公司的股价下跌了53%

资料来源：作者的数据

经济危机之后不久，辉瑞公司的股价又回到了经济危机之前的水平。因此，那些设法区分市场的非理性恐慌与实际企业环境的投资者，由于以低价买进辉瑞公司股票而斩获颇丰，因为辉瑞公司的收益在此期间非常稳定。

对于那些能够看到市场异常行为与企业基本面之间的区别的投资者，市场总是不断为他们提供良好的投资机会。在辉瑞公司的例子中，市场显然过于悲观了，但市场也经常会变得过于乐观。

	2007年12月	2008年12月	2009年12月	2010年12月	2011年12月
收入（单位：百万美元）	48 418	48 296	50 009	65 165	61 035
毛利率 %	76.8	83.2	82.2	77.3	79.5
营业收入（单位：百万美元）	7 519	9 694	10 827	9 471	12 706
营业毛利率 %	15.5	20.1	21.7	14.5	20.8
净收入（单位：百万美元）	8 144	8 104	8 635	8 257	10 009
每股收益（单位：美元）	1.17	1.20	1.23	1.02	1.27

图17　2007年至2011年辉瑞公司的收益显示出极强的稳定性

资料来源：晨星公司

识别一家公司何时被低估是一回事，而当其他所有人都感到恐慌时采取行动则是完全不同的另外一回事。要做到这一点，首先，你需要具备很多知识才能确定你所识别的价值，即使它与大多数人的想法相悖。其次，你必须是一个乐观主义者，因此相信人类会占上风。我写作本书的目标不仅是希望能够在价值投资的技术方面为你提供帮助，而且希望能够在心理方面对你同样起到较大的帮助作用。

成为一个乐观主义者对投资至关重要

在投资方面，成为一个乐观主义者并不意味着为股票上涨而兴奋地欢呼。它意味着相信股票市场将提供可观的回报，并能够使这些回报随着时间的推移产生复利。事实是，人类的进化使我们只能进行排他性思考：一件事不是坏的就是好的。想一想，你要么喜欢某人，要么不喜欢。当你与同事或家人发生不愉快的争吵时，你在那个时候会对这个人产生很多负面情绪。然而，当你从你们的长期关系来看时，这种负面情绪的爆发可能只是1 000个友爱平和日子中的1分钟而已。这种行为源自我们对“战斗或逃亡”思维的遗传，因为在过去200万年前，面对危险的环境状况时必须快速思考。然而，这种灵长类思维机制并不是运用于投资的最好机制。

就像在人际关系中的专一性思考一样，人们也将股票市场视为一个非涨即跌的地方。在投资时，大多数投资者都确信股票会上涨。他们不了解投资中的概率概念，在投资中任何事情都可能发生。

最终当熊市到来时，正如我们所知道的那样，突然之间大多数投资者都会开始认为金融世界的末日来了。正是在这一阶段，价值投资者必须保持乐观并提醒自己要买进价值，即使大多数人都因股票市场短期下跌而对价值视而不见。

经济的本质是周期性运行，这是因为我们作为个体也有经济周期。当投资进展顺利时，我们倾向于超支。对经济的信心增强导致我们让自己背负更高的债务，这往往会导致支出超过我们的收入，类似的模式也影响着政府和企业。

这种行为在长期内是不可持续的，并且在某个时间点，去杠杆化是必要的，这通常是在经济陷入衰退时。过一段时间（由于政府的财政干预和降低临时支出），信用评分和储蓄得到改善，并且可能开始一个新的经济周期，这将导致经济达到比以前更高的水平。

这种情况不断反复上演，并且在未来还将继续发生。然而，重要的是要知道经济衰退始终是惊人的经济增长趋势中的微小停顿，整体上的长期增长才是经济发展的常态。

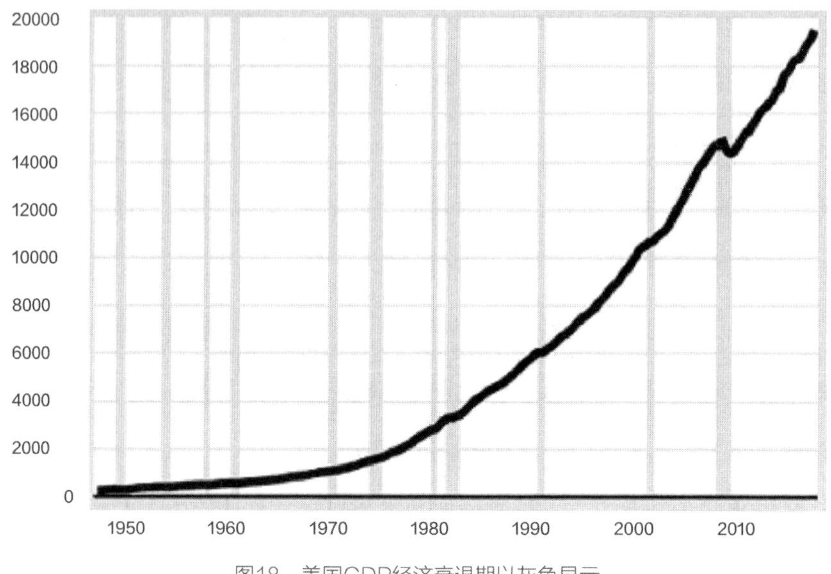

图18　美国GDP经济衰退期以灰色显示

资料来源：圣路易斯联邦储备银行（Federal Reserve Bank of St. Louis）

上面的图表给出了一个明确的信息：经济衰退是长期增长和发展趋势中的微小波动，这是人类的共同属性，在下次股市崩盘时请记住这一点。

反身性理论与价值投资

> 股票价格有时会显著影响企业的价值，投资者不能忽视这种可能性。
>
> ——赛斯·卡拉曼

行为金融学分析了市场参与者往往是非理性的，这就为有利可图的价值投资创造了基础。如果每个人都是理性的，就不会有机会买到便宜股了。

反身性理论（Theory Of Reflexivity）由可谓史上最伟大的交易者之一的乔治·索罗斯创立，他拥有着最佳长期投资纪录之一，甚至比巴菲特的投资业绩还要好。该理论更进一步分析了非理性金融市场也可以对公司甚至市场基本面产生反身性影响，价值投资者必须非常清楚这一点。

例如，如果股票因某些非理性原因而下跌，例如空头攻击，那么其所创造的市场恐慌和负面环境会使债权人撤回其信贷额度，从而对公司的实际基本面产生负面影响。因此，价值投资者必须意识到股票市场对公司基本面的反身性影响，因为它解释了许多关于非理性行为、安全边际失效和价值投资亏损的难以解释的案例。另一方面，懂得了反身性可以为你增添额外的耐心，你只需在买进之前或卖出之前再等待稍长一点的时间，这样就能进一步提高你的回报。反身性理论的重要基石是我们的易错性，繁荣—衰退循环中的自我强化和自我纠正趋势，以及反身性。

当今最大的问题之一是经济学家和政策制定者把注意力放在了均衡、确定性和稳定性方面。回想一下美联储的目标：稳定的增长和较低的失业率。这听起来不错，却是不可能实现的目标，而且从未在历史上实现过，因为不确定性是人类事务的关键特征。反身性的关键概念是不确定性，这与在20世纪所传播的经济理论相反。观察一下美国的失业率，可以看出，从来没有稳定过，它要么上升，要么下降。

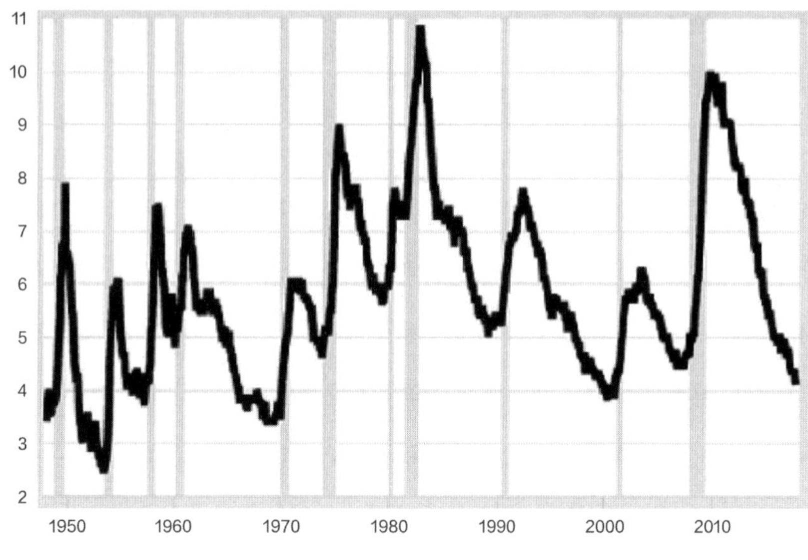

图19　自1946年以来的美国失业率

资料来源：FRED

一个更加不稳定的环境是价格不断变化的全球金融市场。这种波动是由于我们的思想和行动首先反映在市场价格和相应基本面上，并且因为我们的想法不完美，而容易发生错误。

反身性理论是基于这样一个事实，即在情境中存在着一些具有思考能力的参与者，而这些参与者对世界的看法总是局部和扭曲的，这就是易错性原则。问题是那些扭曲的观点会影响它们所涉及的情境，因为错误的观点会导致错误的行为，即反身性原则。

例如，如果父母经常告诉自己的孩子他是个坏男孩，那么这些家长可能最终教育出一个非常坏的孩子，因为孩子真的会开始相信他实际上是个坏孩子，因此，扭曲的认知最终会影响基本面。

能够说明股票价格如何影响基本面价值的一个很好的例子就是特斯拉公司从2012年至2017年的故事。该公司的利润在此期间一直是负的，但其股票的账面价值却逐年上升。

事实上，特斯拉从2010年直到2017年没有一个季度是盈利的，但在此期间通过新的融资轮次设法将每股账面价值提高了10倍，这解释了股票价格如何对基本面产生影响，在该案例中起到了正面的影响作用。

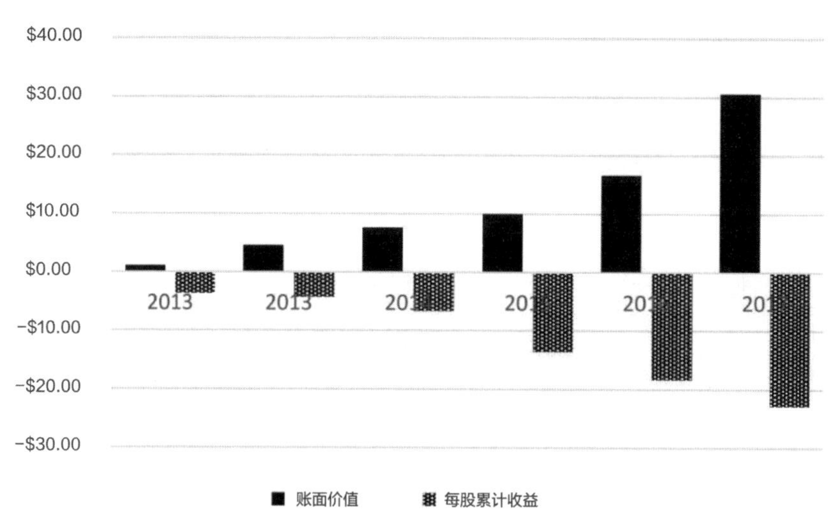

图20 2012年至2017年第三季度特斯拉的账面价值和每股累计收益

资料来源：晨星公司

反身性对账面价值具有影响，无论是正面的还是负面的，对价值投资者来说都是非常重要的。关键是，即使某只股票看起来像是一只价格极低的便宜股，但较低的股价也可能真的迫使债权人收回贷款，从而迫使该公司在极度稀释每股收益的情况下筹集资金，这可能对投资的初始推测价值和安全边际产生显著的负面影响。这加强了这样一种观念，即为了降低风险并增加对股票和公司情况的了解，每项价值投资都必须分阶段进行，特别是可能“接飞刀”的时候（“接飞刀”指买进价格已经明显下跌并仍在继续下跌的股票）。

易错性和投资

易错性的概念与反身性严格相关，它的意思是说世界太复杂，以至于我们无法理解。因此，我们所有的结论都是对现实的曲解，因为我们不断采用各种简化方法，无论是概括、隐喻、历史，等等。我们可以很容易地说，我们对所处世界的理解天生是不完美的。

投资是一个由具有思想的参与者做出行动的过程，参与者的思想有两个功能，一个是了解环境，另一个是参与者在该环境中在具有优势的情况下采取行动。因此，我们拥有一种被动的认知功能，使我们能够理解环境，另外还拥有一种主动的操纵的功能，使我们能够支配自己的行动。

合乎逻辑的是，你可以看到世界，收集数据然后根据它采取行动。反身性为其增加了一步，你的思想和行动也会影响你正在观察的世界，因此世界总是不确定和不稳定的，你的思想也是容易出错的。

请考虑一句像“正在下雨”这样的陈述，这句话只能是真的或者假的，具体取决于外面实际发生的情况。然而，像“加密货币是革命性的”这样的陈述却是一句反身性陈述，因为它是否真实取决于这句话对世界的影响。

理解反身性的最简单方法是通过反馈环，参与者的观点影响事件的进程，事件的进程又会影响参与者的观点，这种状态不断地以环状的形式发展。

这种影响可能是正面的，这会使参与者的观点和事件进一步分离，而负面的影响会使两者更加紧密，从而不断进行自我纠正，正反馈环或负反馈环创建了一个自我强化的循环。

重要的是，这种循环不可能永远持续下去，因为当参与者的观点与现实远离到一定程度时，会使参与者在某一时刻认识到他们的观点是不现实的，并开始自我纠正的趋势。然而，正反馈或负反馈对实际事件也会有影响，因此全部会反映到实际事件中，这一切都将导致动态不均衡。

自我强化的趋势导致金融市场的繁荣—衰退进程或者泡沫，重要的是要理解，错误的理解和观点可以在人类事务中发挥非常重要的作用。我们是否确定当前的美联储成员正确地解释了金融体系的运作方式？此外，我们是否确定美联储现在对金融市场的想法和影响是最好的方式？

以上导致了不确定性，这是我们在投资时必须承担的。当我们根据对世界的不完全理解做出决策时，我们的行动结果会与我们的预期不符，这也就合乎逻辑了。

这对投资尤其价值投资是非常有用的，可以帮助我们理解这样一个观念，即我们围绕股票的推测可能是错误的。因此，价值投资者必须寻找能够用于易错分析的多个安全边际因素，以便在你的估值被证明是错误的时候，你仍然不会亏钱。然而，即使在不确定的环境中行为是投资的关键，但你知道的越多，不确定性就会越低。遗憾的是，投资的不确定性部分永远无法完全消除。

反身性和金融市场

反身性理论的基础是市场价格总是扭曲潜在的基本面，这种扭曲可能很小，也可能很明显。另外，金融市场可能会影响到它们本应反映的基本面。这是反身性超越行为金融学的一步，因为行为金融学关注的是资产的错误定价，而不是错误定价如何影响基本面。

市场价格影响基本面的最常见方式是对杠杆的使用，无论是以借贷还是权益形式。当公司的股票价格上涨时，股权变得更有价值，公司可以借机进行收购或以较低的成本借贷，这两种情况也改善了基本面并使该反馈环得到自我强化。当股票价格下跌到低位时，债权人认为公司存在负面影响，不愿意向公司放贷，导致公司基本面恶化。

在价值投资中运用反身性理论

反身性理论非常有趣，并且是一个能够解释当前市场环境的好方法。但是，你可能对如何赚钱以及索罗斯如何利用这一理论赚钱感兴趣。为了赚钱，你必须找到自我强化循环的顶点或转折点，该循环从此开始在相反的方向上进行自我强化。

繁荣—衰退进程开始于当趋势和误解相互正面地进行彼此强化时。现在，我们必须要做的是用负反馈来测试趋势。如果趋势强大到能够在测试中存活下来，那么趋势和误解都将进一步得到强化。

话虽这么说，但在某些时候可以清楚地看到对市场存在误解，随着疑惑增加，更多人会失去信心，这时的趋势是由惯性所支撑的，在此期间，逐渐进入朦胧期。在朦胧期之后，趋势将会反转，问题通常会浮出水面。索罗斯还将市场泡沫描述为不对称形状，长期的繁荣具有缓慢的初始阶段，逐渐加速并经过成功测试得到强化，直至在朦胧期变得平坦。随着投资者进入恐慌模式，衰退始终是短暂而陡峭的。

每个发展阶段的长度和强度是不可预测的，但这些阶段的发展顺序之间存在着一个内部逻辑。因此，发展阶段的顺序是可预测的，但即便如此，也可以通过政府干预（如量化宽松政策）终止该顺序。

解释反身性的最好方法是以房地产为例，当信贷成本变得低廉并且容易获得贷款时，房地产开始形成泡沫，就像现在一样。银行看到房地产价格上涨，愿意提供更多信贷，他们的谬论是他们没有发现信贷的可获得性和抵押品价值上升之间存在联系，银行认为抵押品价值与信贷增加无关。低廉的信贷成本导致更高的房地产价格和更好的信用评分，从而放宽贷款标准。

如果你应用反身性理论，当看到泡沫形成时，你会急于买进，因为这种趋势通常会自我强化，而且当发展到朦胧期时你会急于卖出。因此，你不能指望市场根据基本面来进行自我调整，因为观察基本面并不是赚快钱的方式。

我之所以想在这里讨论行为金融学和反身性，因为我经常看到价值投资者被一些现象搞得非常困惑，一些股票的基本面看起来非常有价值并且股票相应被低估，但股票市场却从未体现出其基本面的价值。实际上，情况正好相反：基本面经常会受股票价格影响，无论是上涨还是下跌。因此，反身性应该是在进行投资之前需要进行的另一项检查。

股东价值的创造与破坏——收益、回购——企业管理层

基本上，董事会有一半在打瞌睡，另一半在看《华尔街日报》。他们放了很多幻灯片，却没有人能理解这些东西，当光线变暗时，他们都会打瞌睡。

——卡尔·伊坎（Carl Icahn）

除了提及市场的风险回报难题之外，我还想深入探讨一下困扰企业环境的其他一些问题，这些问题不会被市场识别，但随着时间的推移会产生巨大影响，对于那些不对投资组合进行再平衡的人来说也会产生巨大影响。

很少有人看到影响企业环境的巨大问题，因为大多数人都从正面和负面来进行思考，并且不能从相对规模上进行思考。这是什么意思呢？那么，当股东对管理层进行评价时，他们会考虑是否达到考核底线，以及与竞争对手的业绩是否处于相同水平，没有人会评估其管理层是否应该做得更好。

我们只是期待自己最喜欢的运动员要表现得最好，我们希望自己的孩子充分发挥潜力，但对于公司管理层，我们仍然保持沉默，接受交给我们的任何业绩。由于大多数股票都由指数和养老基金持有，每家公司只持有其一小部分股票，公司管理者并没有真正对它们进行严格控制，只要事情相对顺利，就没有问题。然而，管理层利益与投资者利益的错位将导致未来巨大的动荡。

在过去10年中收益没有任何增长

自满并不好，而且当然并不是进行杰出工作时应具有的精神。对我来说，每股收益数字是90而不是-10这固然很重要，但同样重要的是每股收益数字还本可能是190，而不仅仅是90。观察一下从2007年到2017年的标准普尔500指数收益图，你就会明白我要表达的意思。

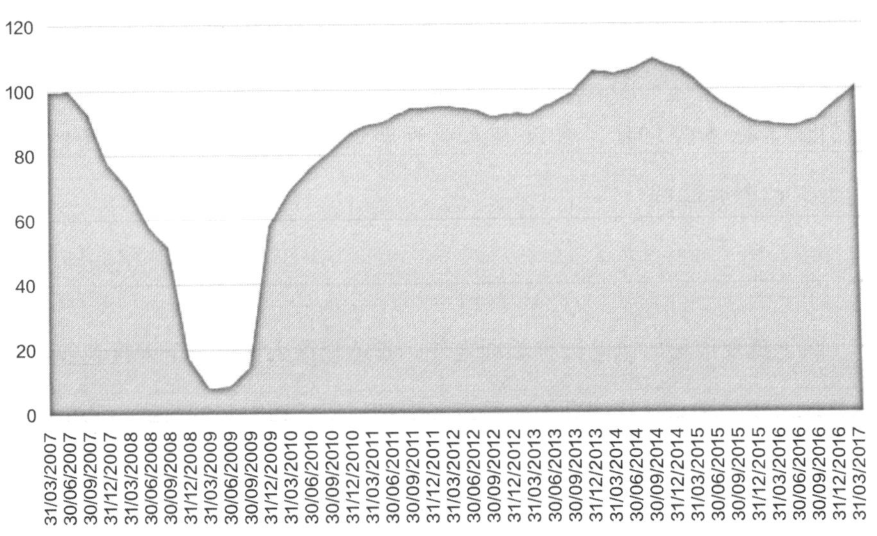

图21　从2007年到2017年标准普尔500指数收益

资料来源：Multpl

从2007年到2017年，尽管利率和全球经济增长处于历史最低水平，但全球500强企业的总体收益并没有增长。

此外，标准普尔500指数在根据成分股的市值不断进行调整。由于我们知道市值与收益密切相关，因此那些经营业绩突出的公司将被纳入指数，而那些经营不善的公司将被排除在外。如果指数在10年期间一直保持所纳入的那些公司不变，那么上面的图表看起来会更糟。

如果我们知道美国经济从2007年到2017年增长了17%，而全球经济以更快的速度实现了增长，并且利率一直处于历史低位，那么美国企业为什么没有实现快速增长呢？好吧，它们只专注于一件事情，那就是股票价格而非企业成长。

重点是股票价格

投资领域的底部并不在4年以来的低点结束，而是在10年或15年以来的低点结束。

——吉姆·罗杰斯

你可能认为较高的股票价格是好的，这只有当你是卖方时才是正确的。绝大多数投资者不是卖方，而是股票的积累者，你希望在很长一段时间内积累尽可能多的股票来享受退休生活。由于标准普尔500指数不断上涨而且收益率保持不变，大多数投资者只能为同样多的股票付出更多资金。想一想你的养老基金，更高的股票价格对你来说并不乐观，因为新近的投入意味着你仅拥有基金投资组合的一小部分。

企业管理层通过股息和回购推动股价上涨，问题是大多数回购都会破坏价值（回购或股份购回是指一家企业在市场上购买其拥有的股份以便回收股份并减少股票的流通数量，这将导致每股收益增加）。

首先，企业在回购和股息方面的支出高于它们的收入，这意味着管理层愿意承担债务来支付股息和进行回购，这两项活动都降低了股东的价值。

从2007年到2017年，标准普尔500指数中的企业在回购和股息上花费了7.16万亿美元，而总收益仅为6.8万亿美元。这意味着企业在承担着债务来投资增长，并使股息和回购支出保持高于收益水平。众所周知，债务提供即时满足，但从长远来看是有害的，因为你必须支付利息。如果你把所有的资金都花在股息和回购上，那么增长将从何而来？如图21所示，企业盈利在过去10年中并未实现真正增长。

其次，最大的罪恶是，无论所要回购股票的账面价值如何，都会进行回购。如果你买回低于其内在账面价值的股票，那么这样的回购就是非常正面的。例如，假设为了购买土地，寻找一个承包商并建造一栋房子，你需要100万美元。假设隔壁的房子刚刚建成，售价为60万美元，你可能会急于购买现成的房子而不是建造自己的房子。现在，如果隔壁的同一栋房子以300万美元的价格出售，你就不会购买它。你会自己建造造价100万美元的房子，而当它建成时，你就拥有了一栋市场价值300万美元的房子。合乎逻辑，对吧？

上面的例子与大多数企业管理层的做法完全相反，他们用股东的钱购买售价300万美元的房子而不是建造新房子。

在写作本文时，标准普尔500指数的平均市净率为3.29，这意味着公司的每次回购都会破坏股东价值。

较高股价时的回购		回购之后
股票价格	329 美元	329 美元
账面价值	100 美元	75 美元
股票数量	1 000	900
总资产	100 000 美元	67 100 美元
市场价值	329 000 美元	296 100 美元
回购	100 股	
回购成本	32 900 美元	

图22　回购如何破坏股东价值的例子

资料来源：作者的观点

上面的例子显示了如果一家公司以3.29的市净率回购自己的股票，账面价值会发生什么变化。即使该公司仅回购了10%的股份，上面例子的账面价值也降低了25%。较低的账面价值意味着，从长远来看，用于投资、增长、未来收益、股息等方面的资金将会减少。因此，作为价值投资者，你应该始终寻找那些仅在股票价格低于账面价值时进行回购的公司。这与我们刚刚看到的情况相反，可以立即增加股东价值。以高于账面价值的价格进行回购可能会暂时增加收益并给人创造价值的感觉，但事实并非如此。

欧洲工商管理学院（INSEAD）教授罗伯特·艾瑞斯（Robert Ayres）和迈克尔·奥莱尼克（Michael Olenick）所做的研究甚至认为当前的公司回购活动是企业自杀行为，他们给出了一个科学的解释，说明公司在回购上的花费越多，它们在未来增长的可能性就越小。

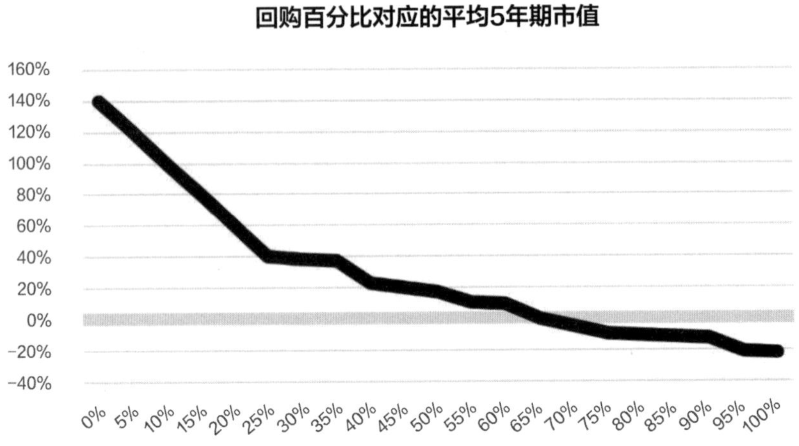

回购百分比对应的平均5年期市值

160%
140%
120%
100%
80%
60%
40%
20%
0%
−20%
−40%

0% 5% 10% 15% 20% 25% 30% 35% 40% 45% 50% 55% 60% 65% 70% 75% 80% 85% 90% 95% 100%

图23　与市值相关的回购百分比越高，其5年期市值增长率越低

资料来源：欧洲工商管理学院的艾瑞斯与奥莱尼克

企业管理层的行为方式并不符合股东的最佳长远利益，这意味着许多未来退休人员的生活质量将远低于他们原本应该享受的生活质量。企业管理层大多会获得与股票表现方面相关的补偿，因此他们将继续沉迷于昂贵的回购活动，这会让他们获得更高的奖金和更多的股权，尽管这样做会损害股东价值。

让我感到气愤和难过的是，我们在这里谈论的不仅仅是投资回报，我们谈论的是人，他们的健康，他们的梦想，总的来说，是这个国家的情感和社会状态。通过损害我们所拥有的企业的价值（“我们”是指共同基金和养老金的持有人、长期投资者或企业管理层），对未来的我们造成了巨大的伤害。现在他们应该将注意力从股价上涨的短期回报转移到实际价值创造，即更高的账面价值和更高的收益。

沃伦·巴菲特在20世纪90年代没有跟随互联网热潮，当时大多数人都指责他是过时的，同样他也绝对不会追随当前的回购狂潮。巴菲特反对超过账面价值120%的回购，我们现在的情况与20世纪90年代类似，当时巴菲特被认为是过时的，而如今的企业则沉迷于低债务和高股价。我想知道长期投资回报会告诉我们什么结果。

注解：当价格低于账面价值或收益率高于长期资本成本时，回购可以在某些情况下创造股东价值。

注意管理费用和华尔街的利益

只有在华尔街才能见到，坐着劳斯莱斯的人去征询坐地铁的人的建议。

——沃伦·巴菲特

当你在管理层的私利之上加上管理费用和华尔街的利息时，投资者就没有多少回报了，这是普通投资者获得比市场低得多的回报的原因之一。根据J. P.摩根的2017年市场状况报告显示，普通投资者在1997年至2017年期间的年均回报率为2.3%，而市场回报率为7.5%。

华尔街的关注点首先是它们的管理费用、奖金和补偿方案，然后才是你的长期价值。对于投资者来说，幸运的是，由于激烈的竞争，管理费用在过去20年里呈现出显著下降趋势，但其仍是影响投资回报的重要因素，你应该始终知道自己的中间商的利益在哪里。

华尔街的主要问题是，那里的人们是凭借他们完成的工作而获得报酬，而不是凭借他们如何有效地完成工作而获得报酬。管理费用本身并不坏，但我们必须意识到与我们做生意的人的动机是什么。尽管如此，我希望有一天我们能够形成一套根据长期绩效来收取管理费用的华尔街机制。

华尔街支持二级市场交易的承销

除了交易和管理费用在幸运地不断下降之外，承销业务仍然处于疯狂状态。例如，2016年5月，高盛投资公司（Goldman Sachs）提高了特斯拉（纳斯达克股票代码：TSLA）的推荐价格，就在宣布其将成为新的20亿美元二级市场股票发行的主要承销商之前数小时。在获得承销佣金之后不久，高盛迅速降低了特斯拉关于Model 3的关注评级以及太阳城（Solar City）①的收购评级，他们自己通过股权加息为其提供资金支持。

承销费是IPO为什么看起来总是非常令人兴奋的原因。我们可以看到，在特斯拉的案例中，承销商能够以6.5%的惊人折扣买进股票。如果你参与IPO，你需要支付给经纪人的费用非常高昂，通常在2%到8%之间。

在投资IPO的新股之前，价值投资者应该总是问问自己其背后的动机是什么，因为IPO往往是希望和梦想被高倍资本化的产品。由于利率处于历史低位，我发现很难相信那些申请IPO的公司有很好的前景，除非是它们缺乏资金。由于华尔街追求承销费用并且企业创始人希望将自己的成就变现，似乎IPO并不总是符合我们的最佳利益。

华尔街的短期焦点和金融创新

同样重要的是要警告投资者注意金融中间商，他们只关注收取费用并且从一笔交易跳到另一笔交易，短期焦点导致产生了一系列新的和令人兴奋的“历史最佳”证券。

---

① 太阳城（Solar City）是全美国最大的太阳能发电公司，专门发展家用光伏发电项目，以及商业光伏发电项目，总部位于美国加利福尼亚州的圣马特奥市。2016年11月17日，特斯拉汽车以26亿美元收购了太阳城，成为太阳能业史上最庞大的交易，太阳城正式成为特斯拉汽车旗下的公司。

金融市场创新为华尔街在无风险的情况下提供固定费用。如果真的希望没有风险，除非他们不像在2009年金融危机之前那样贪婪地交易他们自己的信用违约互换[①]合约。就像在20世纪80年代，当时市场充斥着各种债券，而今天的市场充斥着各种各样的ETF。

第一批ETF的初步成功导致了新的ETF，因此，创建了越来越复杂的ETF。ETF就像共同基金，但你可以将其如同股票一样进行交易。当未来一些ETF将被迫抛售资产时，问题就会出现，由于其固有风险和低流动性，真实市场上没有人会愿意接手这些资产。

我将引用赛斯・卡拉曼的话来总结本书的这部分内容："今天看似新奇和高级的东西，明天可能就被证明是有缺陷的甚至是荒谬的。"

事实上，华尔街对成功从不满足，它总会期望下一笔可以赚得更多的佣金或交易。遗憾的是，对于长期投资者而言，这种态度使他们每隔几年就要面对巨额亏损，而华尔街只是期待下一次收费。

因此，要非常清楚你的投资目标是否与你的财务顾问保持一致。

本书的第二部分更侧重于价值投资的技术部分以及如何从价值投资的角度分析企业。

---

① 信用违约互换(Credit Default Swap，CDS)是国外债券市场中最常见的信用衍生产品。实际上是在一定期限内，买卖双方就指定的信用事件进行风险转换的一个合约。

第二部分

TECHNICAL VALUE INVESTING

价值投资技术

本书的这一部分将深入探讨价值投资的技术部分，其中包括：

- 确定股票的内在价值。
- 确定股票的安全边际以限制你的投资风险。
- 了解能够释放价值的催化剂。
- 避免价值陷阱。
- 尽量以相比内在价值的最大折扣价格买进股票。

在本章中，我将分享多种分析工具，它们可用于确定内在价值、安全边际以及股价折扣，还会介绍一些有助于避免价值陷阱以及利用市场非理性获利的投资工具。

我们将要讨论25个投资分析工具，但你要知道没有哪种工具能得到准确的企业估值。换句话说，所有估值都是错误的，因为在金融领域，除了在进行分析所需的主观因素外，还有相当多的变化因素，以至于这些估值不可能达到精确。但是，模糊的正确要强于精确的错误，关键是通过增加安全边际来限制发生错误的概率。

需要明确的很重要的一点是，自从本杰明·格雷厄姆主要利用统计数据来寻找被低估的公司以来，或者自从沃伦·巴菲特以合理的价格买进出色的企业以来，投资环境已经发生了巨大变化。尽管如此，我们将要讨论的这套价值投资工具对于所有真正的长期投资者来说都至关重要，因为价值投资首先关注的是限制风险。在当前的网络环境中，有些工具似乎已经过时了，但它们始终可以很好地胜任比较分析或者一些具体投资。其他一些工具，例如将增长作为价值的关键，它们完全适合现代价值投资者。

本部分将综合说明、解释和讨论对于价值投资者来说最重要的一些分析工具。在下一部分中，为了说明这些工具在实践中的应用方法，我将把所有工具应用于一个真实案例。

第5章 企业估值的艺术

> 价格是你付出的，价值是你得到的。
>
> ——沃伦·巴菲特

估值不可能精确

> 模糊的正确要强于精确的错误。
>
> 这句名言被错误地认为出自约翰·梅纳德·凯恩斯（John Maynard Keynes），但其实最初出自卡维斯·瑞德（Carveth Read）

有些人认为市场一直是有效的，总能分析出企业的确切价值。然而，历史表明，同样的市场极其非理性地对企业进行估值，无论是在上涨时还是在下跌时。懂得如何正确对企业进行估值可以为你提供完美的投资优势，因为它可以让你忽略市场的想法，并通过利用市场的错误定价将其转化为一项优势。但是，不要期望估值能达到多高的精确度，这也是使价值投资相对容易的原因，你只需要将当前股票价格与你估计的价值范围进行比较。如果股票价格没有明显低于你计算的平均价值，你就去寻找其他机会。我也认为这恰好解释了为什么价值投资总是被大多数投资者所回避，因为需要花费大量时间进行研究，对于超过90%的可能的投资机会，其所需要的首次买进价格都远低于股票价格。然而，勤奋的研究和系统化提供的优势能够使投资者以更低的风险获得更高的回报。

成功地投资很简单。没有必要使用复杂的数学公式，或者像巴菲特所说：“远离任何带有希腊字母的东西。”如今，你成为一名价值投资者所需要的就是一些常识，愿意做大量的研究以及一台电脑。让我们来了解一下这些工具吧。

工具#1 利用估值区间来进行投资决策

许多漂亮的数学模型使用了过多的历史数据来估计未来现金流量，将这些现金流量贴现为现值，并给出一只股票的目标价格。问题在于此类估值模型中包含的假设会不断变化，由于利率、货币汇率、估值、股票市场溢价、市场情绪以及与金融市场相关的几乎所有事情都在不断变化，因此不可能存在一个静态数字作为精确的估值数字。例如，利率的微小变化通常会对债券价值产生巨大影响，从而对所有股票估值模型产生巨大影响。

我们绝不应该只是为了追求准确性而以精确作为估值目标，尽管这样的数学模型看起来很精确，但通常情况下，在一张餐巾纸背面的计算也能胜过数百张电子数据表。一个简单的例子可以说明，对公司进行估值有多么困难，即使是华尔街的分析师，他们拥有所有可用的数据并且被雇来全职进行股票研究，但仍然总是给出较大区间的估计值。下图显示了华尔街分析师对苹果

（Apple）、微软（Microsoft）、阿尔法特（Alphabet，谷歌母公司）和亚马逊（Amazon）给出的目标价格之间的巨大差异。

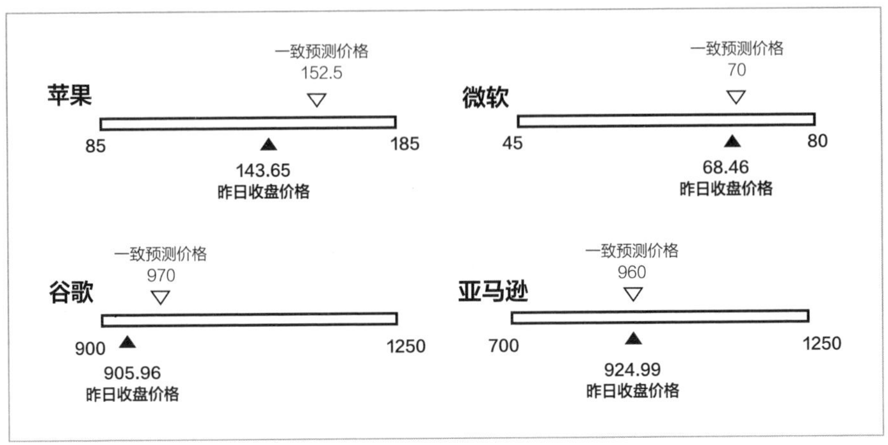

图24　分析师给出的目标价格通常具有巨大差异

资料来源：纳斯达克

对于公司价值的估值差异是巨大的，但是，如果没有估值差异，就不需要金融市场了，只有当一项资产对于买方来说，其价值高于支付价格，对于卖方来说，其价值低于收到的价格，这时才会发生交易。

如果你在阅读本书时查看一下分析师对上述股票的估值（你可以通过访问纳斯达克网站并点击“分析师研究”轻松找到），我敢打赌，所有估值都可能与上述2017年5月给出的估值有很大差异。这进一步说明了评估一家企业有多么困难，特别是在估计长期价值的时候。

通过使用本书中介绍的工具，你将得到一个估值区间，它们将为分析一只股票提供不同的观察视角。价值投资的关键在于，在当前价格低于你最悲观的内在价值估计值时买进股票，这时你才真正地买到了具有安全边际的便宜股票。在计算真实企业价值时长期视角可以提供更多稳定性，通过具有长期视角，价值投资者可以利用市场非理性获利，而分析师们不精确的研究结果会强烈地影响市场非理性情绪。

在你的投资生涯中，可能只有少数几次机会能够发现符合所有选股条件的完美价值投资。因此，为了你能够找到最佳的股票并将其加入符合你的风险回报偏好的投资组合，利用所讲到的价值投资工具得到所有估计值都将被恰当地用于比较分析。

然而，用本杰明·格雷厄姆的话来说，永远不要忘记“价值应该向你呼喊”！你可以利用自己了解的各种工具计算内在价值，当股票价格低于内在价值时，你就拥有了一只便宜股。当发生这种情况时，可以加码介入。下面我们将继续介绍价值分析的四种基本方法。

确定价值的四个步骤

影响估值的主要因素是（过去的及未来的）盈利能力和资产价值。

——沃伦·巴菲特

为了跑赢市场，必须在卖方犯错时买进股票，因此，要以折扣价格买进，这再次导致企业估值的艺术成为了寻找便宜股的唯一选择。我将在这里介绍四种企业估值方法，并作为本章的引言。这四种方法分别是：净现值计算（NPV）、清算价值、股票市场价值以及评估私人所有者（收购）价值。除了计算内在价值之外，这四种方法可能是对企业进行估值的最佳方式。请注意，每种方法都有其优点和缺点，没有哪种具体方法可以始终得出准确的价值，每项具体的投资都需要具体的分析工具。但是，从各种方法中获得的价值区间将为投资决策和比较分析提供良好的基础。

工具#2 净现值计算（NPV）

净现值是企业预期产生的所有未来现金流量的贴现值，其中的难点在于估计未来现金流量和确定贴现率。人们也可以使用收益替代未来现金流，因为从长期来看，收益与企业创造的实际价值及其现金流相关。然而，未来现金流是否将被分配给股东或进行再投资，其决定权仍在企业的管理层手中。

由于预测未来是不可能的，因此可以归结为准确的猜测。在估计未来现金流量时，创建有价值的净现值分析的最佳方式是采取保守估计。在估计中采取保守策略，能够立即产生安全边际并限制主观性。通过特斯拉的股票，可以很好地说明个人情绪（比如乐观和悲观情绪）对股票估值的影响。

一个乐观主义者会认为特斯拉的所有项目——太阳能电池板、储能电池和各种电动汽车——都将很好地实现目标并占据各自行业的主导地位。在这种情况下，特斯拉未来的收入很容易达到数千亿美元，当它上市的时候，将成为又一家新的苹果公司，这种观点显然可以证明目前（2017年）的市场估值超过500亿美元。

另一方面，保守的估值要考虑特斯拉的债务，还要考虑如果经济衰退导致汽车销量降低并且太阳能电池板系统无法实现盈利，这会对估值产生什么影响。在这种情况下，特斯拉可能会破产，因此从价值投资角度来看，投资这样的公司时风险很大。价值投资要做到保守地进行估值，并能够真正限制永久性资本损失的概率。

下面让我们来深入研究一下计算净现值的技术部分，这需要确定与所分析股票的风险相对应的贴现率。例如，投资矿产企业是有风险的，因为开发和运营矿山时，仅在技术、政治、自然和劳工问题等方面，就有很多方面可能出现问题。因此，采矿业将始终具有较高的贴现率，有经验的价值投资者会采用高达20%的贴现率来计算净现值。另一方面，如果没有其他问题的话，通过矿产项目的技术报告可以准确估计未来的现金流量。

对蓝筹企业或有护城河的企业进行投资时，可以使用较低的贴现率，一般的方法是在10年期国债收益率的基础上再加上股票风险溢价。由于国债收益率可以被视为无风险的，通过加上几个百分点的风险溢价，你可以从股票获得良好的预期回报。平均股权溢价介于1.2%（1999年）和6.45%（1979年）之间，同样，为了保守一点，最好使用该范围中的较高值。

计算未来现金流量现值的公式如下：

$$PV = FV/(1 + i)t$$

其中PV是未来现金流量的现值，FV（即未来价值）是实际估计未来现金流量，i是贴现率，而t是未来期限。

净现值（NPV）通过用现值总和减去当前股票价格来计算得到，其中的现值总和由估计未来现金流量计算得到。

NPV = 未来现金流量现值 - 股票价格

在下面假设的案例中，我将首先估计未来现金流量（或收益），并以每年7%的增长率和5%的贴现率计算净现值（NPV）。

表1 利用10年的现金流量并以每年7%的增长率和5%的贴现率计算净现值

（为简便起见没有考虑终值）

t-年数	1	2	3	4	5	6	7	8	9	10
现金流量	100	107	114.49	122.50	131.08	140.26	150.07	160.58	171.82	183.85
i-贴现率	0.05	0.05	0.05	0.05	0.05	0.05	0.05	0.05	0.05	0.05
PV-现值	95.24	97.05	98.90	100.78	102.70	104.66	106.65	108.69	110.76	112.87
现值总和	1 038	股票价格	800	NPV	238					

资料来源：作者的计算（单位：美元）

这项投资的现值（PV）为1 038美元，而股票价格为800美元。这就得到了一个238美元的正的净现值（NPV），这表明，根据所使用的贴现率，这是一个很好的投资机会。有一个公式可以用来计算永续收益增长的现值，但作为价值投资者，你应该希望投资于相对确定的项目，而不是未来的承诺。永续收益增长公式如下：

PV = 当前现金流量/（i – g）

其中PV是未来现金流量的现值，i是贴现率，g是增长率。由于聪明的投资者假设10年内至少会出现两次经济衰退，这严重影响了估算中使用的现金流量，由于使用不断增长的现金流量得到的现值，因此这个简单公式的价值就很值得怀疑。

为简便起见，我在最后一年的净现值计算中没有考虑该投资的终值。但是，根据你最适合自己投资风格的方法，你可以在最后一年的现金流量计算中加入一个终值（估计股票价格），这将会得到一个更高的现值。

计算净现值时的另一个重要因素是计算中包含的未来期限。由于不断进行贴现，计算的期限太长是没有意义的，非常遥远的未来价值会变得失去相关性。但是，你使用的期限越短，你的安全边际就越大。在计算未来现金流量的现值时，我发现使用10年作为期限是一个很好的选择，并且可以将10年之后发生的任何事情视为潜在的投资奖励。10年期限使计算变得更加容易并能够保持分析上的保守性，扩大到20年将使计算不那么保守但可能更加准确。

值得注意的是，估计明年的收益已经非常困难，更不用说10年甚至20年期间的收益了。但是，企业如果拥有强大的护城河和较高的盈利能力，那么其提供的稳定性就越高，相应地，计算所使用的贴现率就可以越低，估计的期限就可以越长。对于一家风险较高的新兴市场的公司，我会使用10年期限，而对于拥有强大的商业护城河的蓝筹股，我会选择使用20年期限，因为较低的贴现率可以在更长的期限内证明其合理性。

因此，使用不同的贴现率和时间期限，所得到的估计值会有很大差异。如果你始终使用相同的参数，那么你将获得与风险回报偏好相对应的绝佳的比较价值。

让我们改变一下假设条件，现在假设没有收益增长，并且贴现率是10%。

表2　利用10年的现金流量并在没有收益增长的情况下以10%的贴现率计算净现值

t-年数	1	2	3	4	5	6	7	8	9	10
现金流量	100	100	100	100	100	100	100	100	100	100
i-贴现率	0.10	0.10	0.10	0.10	0.10	0.10	0.10	0.10	0.10	0.10
PV-现值	90.91	82.64	75.13	68.30	62.09	56.45	51.32	46.65	42.41	38.55
现值总和	614	股票价格	800	NPV	-186					

资料来源：作者的计算（单位：美元）

当前未来现金流量现值的总和为614美元，这样就得到了一个负186美元的净现值。你越保守，你得到的净现值就越低，价值投资的关键在于只在净现值为正而且所用假设非常保守的情况下进行投资。让我们假设一下第三种情况，没有收益增长，有一次经济衰退导致收益降至零，并且保持10%的贴现率，因为其他投资提供了这样的回报率。

表3　利用10年的现金流量并在经济衰退且无增长的情况下以10%的贴现率计算净现值

t-年数	1	2	3	4	5	6	7	8	9	10
现金流量	100	100	50	0	50	100	100	100	100	100
i-贴现率	0.10	0.10	0.10	0.10	0.10	0.10	0.10	0.10	0.10	0.10
PV-现值	90.91	82.64	37.57	0	31.05	56.45	51.32	46.65	42.41	38.55
现值总和	477	股票价格	800	NPV	-323					

资料来源：作者的计算（单位：美元）

以上表格显示了一次极端保守但通常也是现实的现值计算过程，其中包括一次经济衰退导致企业失去盈利能力，我们得到一个477美元的现值总和，这明显低于股票价格。鉴于股票市场的长期波动性，你可以预期几乎所有股票的价格都可能跌到最保守的现值计算结果以下，因为熊市时的投资者会恐慌地不顾价值地抛售股票。

重要的是要记住，不可能精确地估计明年的收益或现金流量，过分追求精确只会适得其反。不过，计算净现值（NPV）还是很有必要的，净现值可以为企业远景分析提供有用信息，还可以利用表格进行记录，这样就能够跟踪投资机会，调整计算过程，然后与其他股票进行比较。通过添加其他一些工具，我们将能够以更全面的方式来估计内在价值。

由于无法准确预测未来收益，因此对企业当前有形资产的分析，可在投资时提供更多的安全性。最佳投资是指一只股票的未来收益具有乐观前景，并且其股价低于其有形资产的当前价值，有助于寻找此类最佳投资的一个工具就是清算价值。

工具#3 清算价值

企业的清算价值是有形资产净值减去所有负债得到的估计价值。清算价值提供了非常强的安全边际，因为它分析了在股东价值达到多少时就不需再持续关注该公司了。

清算方法背后的哲学是，当公司的交易价格接近或低于其清算价值时，通常会成为一项良好的投资。然而，清算价值取决于它是否低价出售，或者企业是否正在缓慢缩减运营规模，甚至可能只是单独出售某些业务单元。此外，所拥有资产的销售价值可能取决于库存是普通商品还是特殊商品。对于那些销售主打产品都有困难的公司来说，应该使用巨大的贴现率，因为它们的库存很可能以极低的价格出售，特别是在甩卖库存的时候。

在当前的市场环境中应用清算价值方法似乎是一种过时的策略，因为市场被极其高估了。标准普尔500指数的市净率为3.1，这意味着如果所持有的净资产按账面价值出售，你预期得到的回报将不到现在为该股票所支付价格的1/3。这个3.1的市净率甚至将无形资产计算在内，出于保守原因，最好将无形资产排除在计算之外，因为这些无形资产主要是商誉，通常表明公司为收购多支付了多少资金。我这样说可能有点夸大其词，但在行业疲软或经济衰退的情况下，在清算时很难找到商誉的价值。

商誉是一种会计噱头，在一家公司已经收购另一家公司的情况下，允许将其获得的资产价值与其在资产负债表上支付的价格之间的差额作为商誉。商誉没有实际价值，因为它取决于管理层在收购另一家公司时支付的价格。由于商誉价值在牛市和经济扩张时期非常高，但在经济衰退时期极低，因此价值投资者并不真正将商誉视为安全边际，而是更喜欢有形资产。然而，如果一家公司拥有强劲而稳定的现金流，其安全边际也可能来自其内在价值，即使资产负债表上没有多少有形资产。

账面价值是一个有助于确定清算价值的指标，但并非所有账面价值都可以按表面价值计算。公司的账面价值代表公司的会计价值，很难找到一家账面价值与其清算价值相等的公司。例如，房屋建筑物的折旧年限通常为20年至50年。因此，如果一家公司在40年前购买了一座建筑物，那么该建筑物在资产负债表上的价值很可能为零，但如果该公司将该建筑物出售，其价值可能远高于该公司在40年前支付的价格。

确定清算价值来计算安全边际价格的要点是，超越资产负债表上的数字来考虑，并估算公司拥有的资产的实际公允价值，好的方面是债务通常可以按面值计算。

在我们谈论债务问题时，价值投资者必须谨慎对待的一种情况是，养老金负债取决于公司如何计算未来债务，而无法事先准确确定。为了增加安全边际，最好远离那些拥有大量或潜在大量养老金债务的公司。如果一家公司希望在未来20年内实现7%的年回报率，而此时多元化投资组合的最大预期回报率为3%，则不管是对于那些期待养老金的人们还是对于这些公司的股东，都会出现许多令人不快的意外情况。

清算价值是与投资相关的唯一实际价值，因为它将所有资产价值转换为现金，凭借明确的现金金额，一次性地解决了关于一只股票的正确价格的争论。但是，它不考虑未来现金流量的价值，这是企业估值中最重要的部分，不过，在分析一只股票时，可以将其作为一个很好的额外检查点。

当一家公司受坏消息困扰并对其进行估值时，使用清算价值法是恰当的。通常，连续未达到盈利预期，再加上负面的市场报道，可能会造成极度超卖的情况以及股价下跌。如何确定未来的收益确实是不可能的，只要很有可能在长期内取得正收益，那么确定公司拥有的资产价值有助为你提供最坏情况下的价值。当最坏情况的清算价值高于股票价格时，你就获得了一次下行空间有限的投资机会。

为了确定清算价值，你必须：

• 计算企业所拥有资产的公允价值（可能将其打折30%至50%，以覆盖可能的甩卖亏损）。

• 扣除公司的负债。

• 在计算资产价值时要非常保守，商誉等无形资产可能立即作废，而重要的是要检查公司拥有的各种建筑物、库存、许可证和合同的公允价值。

你对一家公司及其随着时间的推移如何实现增长了解得越多，你对清算价值的计算就会越好。从积极的角度来看，一直使用历史成本核算且从不重估房地产的公司可能具有巨大的隐藏价值。因此，估计所分析资产的实际价值（或公允价值）并超越资产负债表上的实际数字来考虑问题就显得非常重要。资产负债表数据是一种会计衡量标准，而非价值衡量标准。

工具＃4 股票市场价值

这种做法可能让你感到吃惊，但价值投资者偶尔会通过股票市场价值（市值）来确定内在价值。需要注意的是，这只是在特定情况下，可以通过将一个业务单元与在股票市场上交易的类似企业进行比较，对该业务单元进行估值，或者对所要投资的公司进行估值。

例如，评估一家拥有不同业务单元的控股公司，最好是通过将单个业务单元与可比较的上市公司进行比较，这将使你能够快速了解其实际价值，特别是短期的实际价值，因为我们知道市场对价值的看法通常是错误的。当然，只有当前股票价格明显低于比较价值时，才能获得安全边际，进而才能决定买进。

由于每个投资者的目标是通过比较不同公司及其价值来实现令人满意的回报，如果市场能够认识到被低估股票的价值或者其他催化剂能够释放其价值，价值投资者可以确定他的回报可能是多少。话虽这么说，但永远不要忘记每个企业都是不同的，而且评估一个行业中具有相同估值的所有企业并不是得到正确价值的方式。

工具＃5 评估私人所有者（收购）价值

许多企业都是私营企业，并且没有连续变化的股票价格供其所有者查看，这些企业的价值取决于它们对于私人所有者的价值。通常是在平均行业估值的基础上，考虑企业所拥有的资本成本和资本回报对估值的影响，然后加上或减去各种品牌价值或风险。在分析任何企业时，如果能够查阅到以前类似企业的出售价格的话，则是一个很好的参考，但你还必须考虑到企业之间的差异。两家拥有相同收入的企业，如果一家没有债务而另一家没有股权，那么其估值将大不相同，目前的经济状况和利率也必须得到适当的评估。

这种方法提供了一个很好的近似价值，以至于第三方愿意为整个企业提供报价。沃尔特·施洛斯（Walter Schloss）师从本杰明·格雷厄姆，从1955年到2002年，他每年的投资回报跑赢了标准普尔500指数超过5个百分点，他曾经是这种投资技术最著名的使用者。他会以低于私人所有者价值的价格收购一家优秀企业，并一直等待直到有人以溢价收购该企业。

合并和收购活动会受市场波动影响，在经济周期的后期，随着公司拥有大量现金并急需实现增长，你可以预期到会有更多并购活动。如果一家企业不是太大，它可以成为一家更大的企业的良好补充，我们可以预期在近10年内它至少会有几次成为收购目标。如果有显著的协同效应可以利用，那就更好了。

通过将当前股票价格与可能的收购要约价格进行比较，可以提高投资的安全性，因为收购将导致投资周期中最重要的部分，即兑现。

在收购定价方面，每个行业都有所不同，社交媒体等一些行业将关注用户数量和增长率，而食品杂货行业将关注盈利能力和销售额。例如，亚马逊花费了134亿美元用来收购全食公司（Whole Foods），该公司年销售额为157亿美元，2017年净收入为5亿美元，而Facebook为收购WhatsApp公司支付了220亿美元，而该公司在2013年仅有1 000万美元的收入。

获得这样一个估值的最佳方法是找到该行业的5个重要指标，并尝试将你所分析的公司与该行业的一些收购案例进行比较。完成比较之后，你可以估计类似公司的收购价值。与往常一样，你的估值越保守，你的安全边际就越大，但也更难以找到便宜股。

内在价值

每年账面价值的百分比变化都很可能与该年的内在价值的变化相当接近。

——沃伦·巴菲特

沃伦·巴菲特将内在价值定义为“在企业的剩余寿命期间能够获得的现金的贴现值”（伯克希尔2013年度报告），并认为它是评估投资和企业的相对吸引力的唯一合理方法。内在价值可能被认为与净现值相同，但在讨论巴菲特所提到的任何观点时，更多应该关注的是投资哲学而不是投资技术。因此，值得将内在价值作为一个单独的工具来进行讨论，它也为多变的企业估值艺术提供了一些准确性，并且比净现值的范围更加广泛。

即使由于无法预测未来，而不可能精确地确定股票的内在价值，但对股票内在价值的计算总是值得的，因为仅仅通过其计算过程就让你更好地了解投资的风险和回报。此外，如果你始终使用相同的方法，不同股票的内在价值计算的可比性将能够为你的投资决策过程增加巨大价值，并且能够帮助你在各种经济环境中比较不同投资选项的安全边际。

作为投资者，你应该关心那些可以从企业中获得的资金。如果你是餐馆老板，你并不会很在意餐馆的估值、EBITDA①、ROI（投资回报率）、ROC②以及其他指标，你反而最关心的是收益，以及在年底你可以取出多少现金，以便使企业能够继续蓬勃发展。

像企业所有者一样思考的投资者主要关心的是，由当前年度收益减去最终股息得到的账面价值的变化。如果你对股票有类似的看法，把它们视为企业的一小部分，而不是快速赚钱的工具，当你知道自己持有一家伟大的企业时，你就不会关心市场的看法，除了当市场进入恐慌模式并允许你买进更多该股票时。然而，由于媒体和股票价格每日上下波动的诱惑力，许多人会很快忘记内在价值并开始关注目标价格。

从长远来看，市场价值终究会赶上内在价值，无论是上行还是下行，重要的是每年账面价值增加多少以及现金流量增加多少。账面价值的年度变化比市场的非理性估值要稳定得多，它是衡量内在价值（即内在价值的年度变化）的唯一精确指标。

随着时间的推移，内在价值与账面价值的变化密切相关，并且账面价值变化与长期股票市场收益几乎完全相关，为了说明这两种相关性，伯克希尔哈撒韦就是一个完美例子。那些观察过伯克希尔的账面价值或内在价值的人，在过去52年中可能有11年都会占据着极大优势，当时其市值在下跌，即使其账面价值在过去52年中仅下降了两次。最重要的是，伯克希尔账面价值的长期复合增长率为19%，这与股票价格的表现非常接近，在过去52年中，其年

---

① EBTIDA（税息折旧及摊销前利润）是Earnings Before Taxes, Interest, Depreciation and Amortization的缩写，即未计税项、利息、折旧及摊销前的利润。

② ROC（Return on Capital，资本回报率）是指税后利润与资本总额的比率，也叫净收入比率，是企业资本总额中平均每百元所能获得的纯利润，它是用以衡量公司运用所有资本所获经营成效的指标。

均市场价值增长率为20.9%。鉴于我们目前处于一个繁荣的市场，股票市场的回报和账面价值增长很可能随时会消失。

表4 伯克希尔市场价值和账面价值变化

	年度百分比变化			年度百分比变化	
年份	每股账面价值	每股市场价值	年份	每股账面价值	每股市场价值
1965	23.8	49.5	1991	39.6	35.6
1966	20.3	-3.4	1992	20.3	29.8
1967	11.0	13.3	1993	14.3	38.9
1968	19.0	77.8	1994	13.9	25.0
1969	16.2	19.4	1995	43.1	57.4
1970	12.0	-4.6	1996	31.8	6.2
1971	16.4	80.5	1997	34.1	34.9
1972	21.7	8.1	1998	48.3	52.2
1973	4.7	-2.5	1999	0.5	-19.9
1974	5.5	-48.7	2000	6.5	26.6
1975	21.9	2.5	2001	-6.2	6.5
1976	59.3	129.3	2002	10.0	-3.8
1977	31.9	46.8	2003	21.0	15.8
1978	24.0	14.5	2004	10.5	4.3
1979	35.7	102.5	2005	6.4	0.8
1980	19.3	32.8	2006	18.4	24.1
1981	31.4	31.8	2007	11.0	28.7
1982	40.0	38.4	2008	-9.6	-31.8
1983	32.3	69.0	2009	19.8	2.7
1984	13.6	-2.7	2010	13.0	21.4
1985	48.2	93.7	2011	4.6	-4.7
1986	26.1	14.2	2012	14.4	16.8
1987	19.5	4.6	2013	18.2	32.7
1988	20.1	59.3	2014	8.3	27.0
1989	44.4	84.6	2015	6.4	-12.5
1990	7.4	-23.1	2016	10.7	23.4
降低的年份用灰色标注			平均值	19.0	20.8

资料来源：伯克希尔哈撒韦

工具#6 衡量内在价值

内在价值的定义很简单：它是在剩余寿命期间能够从企业获得的现金的贴现值。可供分配的现金利用以下公式计算：

可供分配的现金=

（报告收益 + 折旧和其他非现金费用）

–

（企业维持运营的资本化支出 + 额外需要的运营资金）

但是，正确衡量它的唯一方法是观察由股息调整或其他资本交易带来的企业账面价值的变化。由于账面价值变化仅显示过去发生的情况，因此，分析内在价值的最佳方式是通过综合分析以下三个因素来衡量：账面价值，收益以及留存收益的预期未来回报。

过去投资的价值

内在价值的第一个组成部分是企业所做投资的价值，这可以通过查看其账面价值得到具体数字。如果企业所处的行业陷入困境，一些投资应该减少或者被谨慎分析。资产负债表的负债一侧必须始终按面值计算，而在分析资产一侧时，必须非常保守。在商誉和无形资产项目上应该采用最大的贴现率，其次是库存价值、设备应收账款和其他非流动资产。在计算股票账面价值时，现金和现金等价物（可以快速兑换现金的资产）应该是唯一以面值计算的资产，其目标是得到具有安全边际的内在价值。

内在价值与账面价值不同，账面价值很容易计算，并且对公司的观察视角有限，因为它没有说明其未来情况。但是，一年中账面价值的变化可以告诉你企业的内在价值在当前年度有多大变化，因为当前的变化并未经过贴现。

如果公司有大量的投资按成本计算，那么它们的当前价值要高得多，这应反映在公司的收益中，收益会使账面价值产生变化，并且是衡量内在价值的第二个组成部分。

收益

收益是企业的氧气，应该作为对其评估的指标。如果你拥有一家企业而且无意出售它，你唯一关心的就是你今年赚了多少钱。收益的增加恰恰反映了账面价值的变化，因此是内在价值的唯一客观指标。评估收益的最佳方法是使用过去的平均值并根据增长率和周期性进行调整，下一章将详细介绍周期性调整后的市盈率和价值等式中的增长部分。

预期未来回报

内在价值的第三个组成部分是留存收益的预期未来回报，这是三者中最主观的组成部分，一个很好的近似值是使用管理层已经实现的投资资本的过去回报率。管理层越优秀，其内在价值就会越高。正如查理·芒格和沃伦·巴菲特所说，在分析投资时，投资资本回报率是最重要的指标之一，它值得用单独的一章进行介绍，并将其作为一个考虑使用的分析工具，而它也必须用作一个单独的投资指标。

工具#7 投资资本回报率（ROIC）

查理·芒格以其对投资世界的简单化观点而闻名，这与其他观点相比具有一个明显优势——其观点是有效的，他拥有超过50年的业绩记录，年回报率为19%，这足够支持他的观点。他对投资的看法很简单，可以通过以下引述来概括：

“很明显，如果一家公司能够产生高额资本回报并以高回报率进行再投资，那么它将会表现很出色。但这不是卖书，要引入许多冗余和模糊概念，却并不能增加太多价值。”

因此，我们必须关注如何计算投资回报以及在投资时应该如何使用这样一个强大的工具。

投资资本回报率表明了公司对其可用资本的使用情况，可通过以下公式计算：

ROIC = 净收入/资本（权益加上长期和短期债务）

你会看到上述公式的许多版本，其中一些不包括由净收入产生的税收和利息支出，或者不包括由资本产生的商誉和超额现金等，但我发现以上是一个用起来非常简单的公式，并且是一个有助于识别内在价值和安全边际的保守公式。将税收和利率排除在外，假设所有公司都在平等的经济环境中运营，这是不现实的，而将商誉和超额现金排除在外，意味着资本的最佳分配，这也是非常值得怀疑的。总之最重要的是始终使用相同的公式，因为可比较的数值是关键。

我将计算和比较两家公司的投资资本回报率，即南方电力公司和苹果公司，这两家公司将提供一个良好的讨论基础。

对于净收入，我采用过去5年的平均净收入，因为通常一次性项目可能会扭曲当前指标。负债和权益来自于资产负债表。为了保持计算的保守性，我将不做任何调整。

表5　南方公司的投资资本回报率

南方公司	2012年	2013年	2014年	2015年	2016年	平均值
净收入	2 415	1 710	2 031	2 435	2 493	2 217
短期负债	4 828					
长期负债	72 022					
股东权益	24 758					
投资回报率	2 217	/	4 828+	72 022+	24 758=	2.18%
单位：百万美元	净收入 / 短期负债 + 长期负债 + 股东权益					

资料来源：作者的计算

南方电力的投资资本回报率极低，仅为2.18%。让我们将它与苹果公司的回报率进行比较。

表6　苹果公司的投资资本回报率

苹果公司	2012年	2013年	2014年	2015年	2016年	平均值
净收入	48 999	52 503	71 230	60 024	61 344	58 820
短期负债	18 473					
长期负债	140 458					
股东权益	134 047					
投资回报率	58 820	/	18 473+	140 458+	134 047=	20.08%
单位：百万美元	净收入 / 短期负债 + 长期负债 + 股东权益					

资料来源：作者的计算

苹果公司的ROIC几乎是南方公司的10倍，根据查理·芒格的观点，它们的长期投资回报率也近似于这个结果。芒格所说与事实相差无几，因为过去10年苹果公司的年回报率接近20%，而南方公司的年回报率接近2%，两个案例均将股息排除在外。

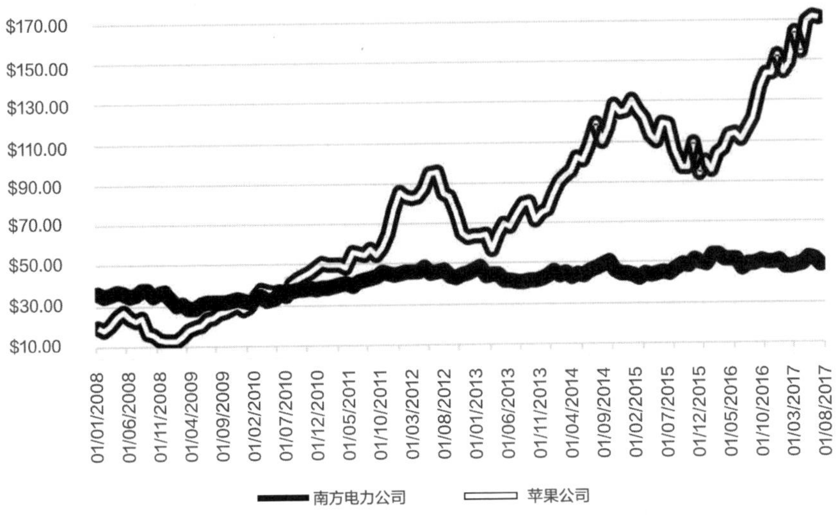

图25　近10年苹果公司与南方电力公司的股票表现

资料来源：作者的数据

因此，ROIC是在进行比较投资时很好用的一个指标，从长远看，所有其他指标都会逐渐失效，因为一家能够使其资本以高回报率复合增长的公司，随着时间的推移它肯定会增长得很好。

查理·芒格认为，从长期来看，无论目前的贴现率如何，都是资本回报率决定了股票的投资回报率。当然，如果你在2008年以28.3美元的价格买进苹果股票，或者在2009年以12.9美元的价格买进苹果股票，那么这两次买进的回报肯定会有所不同，但2009年的经济危机实际上是一场独一无二的事件，甚至那些在2008年以高溢价（与2009年相比）买进苹果股票的人也取得了惊人的回报。在2008年买进苹果股票的投资者将在未来10年内使其资本增加6倍，而在2009年买进苹果股票的投资者将使其资本增加14倍。两者都是很好的结果，并显示了ROIC这一衡量指标的重要性。

使用ROIC工具评估投资意味着两件事：第一件是具有对投资的长期观

点，第二件是你通过比较许多投资来找到其中最好的一项。长期观点允许投资者无视暂时的市场情绪，而短线投机是不可能如此的。然而，稳定和较高的ROIC提供了必要的安全性，而永久性资本损失是不太可能发生的。

当然，在以ROIC指标确定企业内在价值的情况下，如果有可能以低于其内在价值的折扣价格买进优秀企业，那就更好了。然而，由于持有现金存在成本，并且短线投机几乎难以实现稳定盈利，当你发现一家企业被合理定价，不仅与其他企业相比具有巨大的投资资本回报，并且由于强大的护城河而具有可持续的高回报率，那么你应该会希望投资这样的企业。如果企业基本面保持不变但股价下跌，要做的就是买进更多该企业的股票。这样的策略使巴菲特和芒格都成为了亿万富翁，它可能会让你即使不是成为千万富翁也至少是百万富翁。

从更广泛的角度来看，ROIC只是分析公司时使用的又一个指标，但是，在决策过程中，该指标值得得到充分重视。

综合三个组成部分分析内在价值

通过综合所有三个部分，你会得到一个估值区间，它们可以为你（所有者）描述企业的内在价值。经过股息支付和历史成本会计问题调整后的当前账面价值，将为你显示现在买进的企业在过去创造的价值。当前收益或账面价值的变化，将为你显示在分析股票时企业所创造的价值。第三部分，资本回报率将告诉你长期的预期回报，因为这是未来的实际价值创造。投资资本回报率越高并且从估值角度来看股票越便宜则越好。

从价值和安全边际角度来看，更高的投资回报率为公司提供了更多稳定性，并为买方提供了更大的安全边际。

实际内在价值取决于你的投资偏好。所谓投资偏好，我指的是预期的回报率。我们在投资方面最可依赖的就是，我们的长期投资回报将与所持有企业的收益完全相关。通过利用市场非理性可以进一步提高投资回报，其中对企业收益的关注为我们提供了内在价值。例如，你想达到的投资回报率可能为10%，因此你将使用当前和未来收益的10的倍数来计算你的内在价值。当股票价格低于你的内在价值时，可以将其视为一次买入机会。

企业在进行一些投资项目的过程中，比如建造新的酒店、铺设管道、开发矿山或者其他类型的投资，有时股票会被低估，但其价值将在几年内得到恢复。市场通常以比平时更大的贴现率对这些项目进行贴现，这为耐心和聪明的价值投资者创造了极好的投资机会。这在双曲线贴现的部分将有更详细的介绍。

现在，你可能同意也可能不同意芒格和巴菲特的投资观点，因为他们是从年轻时就成为了纯粹价值投资者，但资本回报率是投资时最重要的指标之一，并且对内在价值至关重要。将内在价值和安全边际相结合，这是你在进行低风险、高回报投资时所需要的。请记住，一张餐巾纸背面的计算通常比数十个数学公式和复杂的贴现模型更有效。

内在价值公式还存在另一部分，这部分由于投资者缺乏经验而经常被忽略，那就是增长。许多人认为价值是静态的，但现代价值投资者必须在他的价值估计中加入增长。

工具#8 增长是价值的关键组成部分

有很多关于成长投资和价值投资之间的差异的讨论。在讨论法玛和法兰奇关于这一主题的学术研究时，我也比较了这两种投资方式。他们在分析10年期回报的过程中发现，过去90年中有84年，价值型股票的表现优于成长型股票。然而，学术研究总是从广泛的角度分析市场，而聪明的投资者可能比学者更有实际经验。值得注意的是，对成长和价值进行区分展现了对投资的无知，而不是投资的专业水准。毫不奇怪，最大的投资机构非常注重区分成长和价值。

举一个例子来说，根据美国银行和富达①公司的研究显示，成长型股票的定价更高，收益增长更高，而且股票的波动性高于市场一般水平。实际情况恰恰相反，价值型股票的定价低于市场一般水平，并且与行业中的同类公司相比也更便宜，此外，价值型股票被认为风险较低。

关注两者的这种差异是由于缺乏专业水准，因为增长和价值之间不应该存在差异，增长是价值的关键组成部分。

在2000年给股东的信中，沃伦·巴菲特讨论了“市场评论员和投资经理人能言善辩地将‘成长’和‘价值’称为具有显著差别的投资方式，这展现了他们的无知，而不是他们的专业水准。在价值等式中，增长只是一个组成部分——通常是正的，有时是负的”。

因此，现代价值投资者必须将增长分析作为价值的关键组成部分，并在价值计算中将增长包括在内。重要的是要知道，增长既可以破坏价值，也可以创造价值，另外，它可以对估值产生细微或者巨大的影响。

增长作为价值的创造者和破坏者

破坏价值的增长与创造价值的增长之间的区别很简单，破坏价值的增长会导致现金损失并且无法实现盈利，而创造价值的增长只是不断复制一种商业模式来实现健康的资本回报。例如，从2008年到2017年，星巴克由于店面

---

① 富达投资集团（Fidelity Investment Group）成立于1946年，总部设在美国波士顿，目前是全球最大的专业基金公司。

增加、利润率提高和股票回购，其收入增加了一倍多，收益增加了两倍，投资资本回报率一直在25%左右。由投资资本和增长潜力带来的回报必须始终包含在内在价值的计算中，同时还要分析与增长相关的风险，这将在后面讨论。然而，你必须将这种增长视为价值，因为它不仅是价值，而且还会创造新的价值。

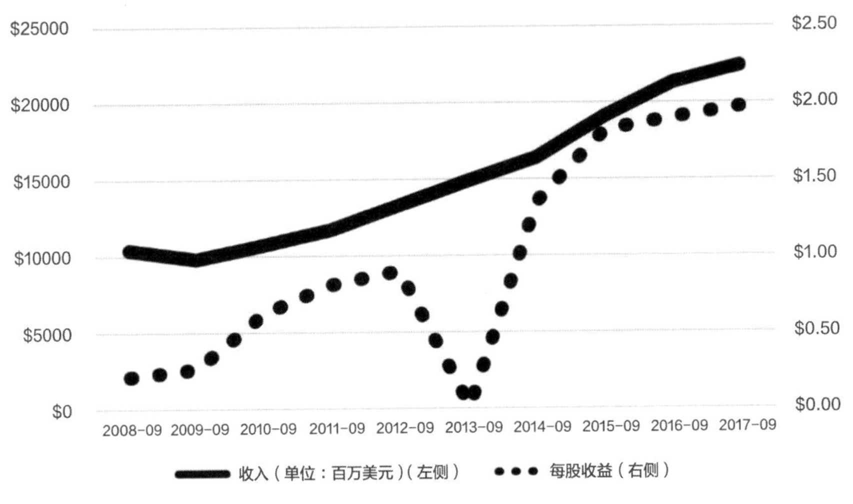

图26　2008年至2017年星巴克的收入和利润

资料来源：星巴克数据

蓝围裙[①]（Blue Apron）是一家在三年（2014—2017年）中收入增长了10倍的公司，然而，其负的自由现金流量在同一时期也增长了10倍，这清楚地表明，在这种情况下，目前的增长正在破坏价值。

如何调整你的增长率计算结果

如果你发现一家像星巴克这样的公司并且你想要计算其内在价值，则必须能够估计未来的增长率，这是不可能准确做到的。2017年7月，即便是星巴

① 蓝围裙（Blue Apron）是美国最大的半成品净菜（Ready To Cook, RTC）电商。

克的管理层也将其长期预期收益增长率从15%至20%降到了12%。如果你在2017年6月进行内在价值计算，预期长期收益增长率为15%，那么仅过一个月之后你的内在价值计算结果将完全错误。预期增长率越高，当前的内在价值就越高，只要微小的增长差异就会导致巨大的内在价值差异。

因此，将增长纳入内在价值计算的最佳方式是保持保守。例如，星巴克在未来10年的增长中，实现5%的年均收益增长率的概率要高于实现12%的增长率，低于预期的增长率为你的内在价值提供了更好的安全边际。如果你关注10只像星巴克这样的股票，我敢打赌，由于一些暂时性问题或负面的行业情绪，在这些股票中每年至少肯定会有一只股票低于其在内在价值计算中采用的保守增长率。通过遵循这样的策略并保持耐心，坚持10年，你会发现自己拥有一个包括10只价值型/成长型股票的惊人投资组合，这些股票以极低的价格买进并具有安全边际。以下段落将讨论增长风险，帮助你确定自己应该有多保守。

在估算增长率时，价值投资者必须注意些什么

我们已经提到过增长也可能破坏价值，这是在增长故事中首先要考虑的因素。通过观察公司的现金流量，你可以看到增长是在为股东创造价值还是破坏价值。如果没有积极的投资回报，增长就是在破坏价值。如果该商业模式很有可能在未来为股东创造价值，那么应该观察利润率，具有规模效应的利润将带来价值创造，反之亦然。

另一个要观察的事情是可能影响企业扩张的所有风险，例如：市场饱和、经济下行、投入成本增加、人才短缺、竞争、政府问题、全球冲击、扩张资本成本和实际增长愿望，等等。对未来可能影响公司的因素估计得越好，你的内在价值计算结果就越合理。

以合理的价格实现增长

也许最有价值的投资是那些能够以合理的价格提供未来增长的投资。如果一家公司具有健康的增长率并且具有稳定的商业模式，虽然其估值低于市场平均值，但它很可能会在长期内实现强劲的收益，即使它的账面价值并未真正地表明目前存在很多价值。

最后，所有都归结为将内在价值与价值和增长的保守估计值进行比较。

在深入研究安全边际之前，我们将讨论由诺贝尔奖获得者罗伯特·希勒教授（Professor Robert Shiller）所提出的著名的周期调整市盈率（CAPE）。周期调整市盈率是消除收益中短期噪音的绝佳工具，可以让你看到股票的长期价值，这是华尔街真正做不到的事情，因此这就是你的优势。

工具#9 周期调整市盈率（CAPE）

耶鲁教授罗伯特·希勒获得诺贝尔奖实至名归，他发明的周期调整市盈率（CAPE）确实有效，它为你提供有关股票或行业的长期趋势的线索，它是用于长期投资和价值计算的重要指标。然而，值得注意的是，本杰明·格雷厄姆已经在他的书中使用了10年期的平均收益，因此希勒的贡献主要来自于他对该指标的推广和学术确认。

周期调整市盈率（CAPE）与标准的市盈率（PE）之间的主要差异在于市盈率取决于某单个年份的收入信息，此类信息通常会受到经济状况或者资产出售和减值等一次性事件的影响。2017年，经过8年的经济扩张之后，许多人都忘记了经济具有周期性。

为了提高市盈率，坎贝尔和希勒（1988年）发明了周期调整市盈率，该比率使用10年期间的平均收益来消除收益和周期性造成的一般波动。周期调整市盈率相对于其短期对照物即市盈率的第一个优势在于，由于它使用长期平均收益，所以其波动性要小很多。第二个优势是，它使用代表真实企业表现的长期收益。换句话说，周期调整市盈率从价值投资的角度显示了市场何时便宜或昂贵。当经济衰退导致收益下降时，标准市盈率飙升，而周期调整市盈率随着股价下跌而下降，因为平均收益下降所需的时间要比经济衰退的时间多得多。

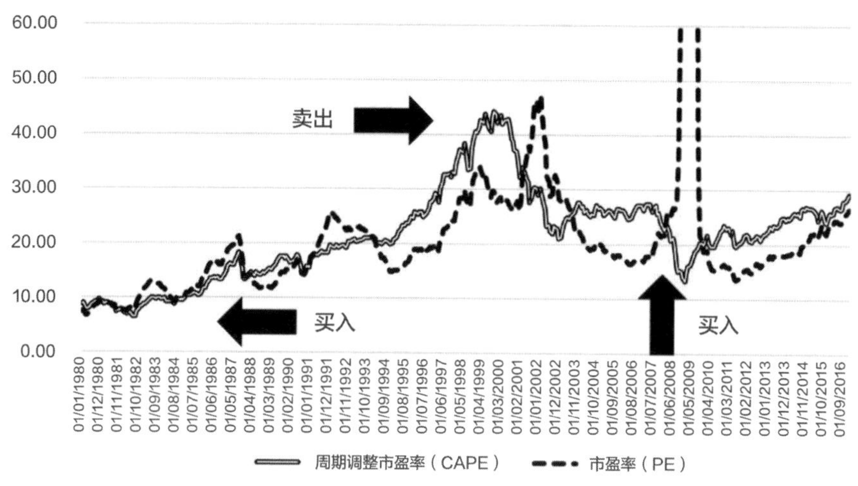

图27 周期调整市盈率（CAPE）和市盈率（PE）指示的买入和卖出信号比较

资料来源：Multpl

没有人喜欢周期调整市盈率（CAPE），因为它经常带来坏消息

由于周期调整市盈率通过消除短期周期性的影响来显示经济背后的实际长期收益，因此在评估市场是否被高估或低估时，它是一个很好用的工具。从我写作本文开始，在2017年底，历史上只有一次周期调整市盈率高于当前水平，而且是在20世纪90年代末的互联网泡沫期间。即使是1929年的牛市，周期调整市盈率也低于互联网泡沫时的数值。遗憾的是，我们都知道对投资者来说这两次泡沫的结果如何。

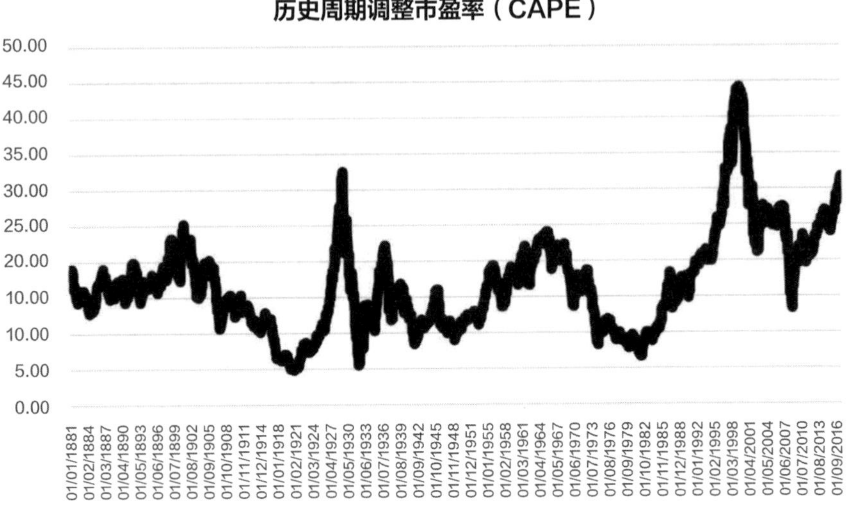

图28　标准普尔500指数历史周期调整市盈率

资料来源：Multpl

由于16.8的CAPE是股票的历史平均值，目前的31.55的CAPE表明市场严重高估。上图显示了当CAPE较低时，未来股市收益率较高，反之亦然。当CAPE高于20时，10年期的年均回报率一直低于5%，当CAPE高于25时，年均回报率低于1%，而当CAPE高于28时，年均回报率为负，投资者可以采取一些策略来利用周期调整市盈率。

跨行业和跨国家对投资组合再平衡

随着时间的推移，不同行业的周期调整市盈率差异很大，因为行业盈利能力受其自身周期性模式的影响。所有行业的情绪都会出现大幅波动，因此其周期调整市盈率也会出现波动。通过将投资组合在价高和价低的不同行业之间仔细地不断重新调整，随着时间的推移，长期价值投资者可以借此获得巨额回报。巴克莱银行和罗伯特·希勒的研究表明，自1988年开始使用周期调整市盈率以来，根据相关行业的周期调整市盈率对标准普尔500指数投资组合不断调整，其年均投资表现将超过标准普尔500指数4个百分点。

较高的周期调整市盈率主要出现在那些采取较为宽松货币政策，货币供应膨胀导致资产泡沫的国家。那些没有过多刺激政策并且可能存在政治或经济危机的国家，它们的周期调整市盈率有时甚至达到个位数。在我写作本文时，全球各国的CAPE数值从俄罗斯的5.6到美国的31.55不等。对于那些在全球寻求价值股并相应调整投资组合的人来说，周期调整市盈率是必不可少的，如果应用于个股，结果甚至会更好。

关注个股并添加增长因子

如果想比调整标准普尔500指数和全球市场获得更好的回报，你必须关注那些处于暂时疲软的行业但仍然表现良好甚至可能正在增长的个股。增长可能不会来自收益（因为该行业陷入困境），但可能来自收购，因为当资产价格便宜时，很有可能达成最佳收购。

同样重要的是将经济增长和发展纳入周期调整市盈率。鉴于中国和印度在过去10年中一直以惊人的速度增长，企业收益也蒸蒸日上，由于过去的低收益而导致了周期调整市盈率出现偏差。因此，一定要通过分析个股、行业或国家的增长来调整对周期调整市盈率的使用。你可以根据上一次经济或行业衰退时收益下降的情况来调整周期调整市盈率，并将相同的下降数值应用于当前收益产生的未来预期收益。通过这种方式，相比周期调整市盈率来说，你将形成更符合实际情况的看法。保守一点，假设在未来10年内使用周期调整市盈率计算未来收益时会出现两次衰退。

对于没有10年数据的公司，使用较短的时间跨度进行收益外推，并尝试估计该公司在经济衰退中的收益会发生什么变化。当发现增长同时伴随着较低的行业周期调整市盈率时，你就会知道自己找到了一个绝佳投资机会。

周期调整市盈率只是可以使用的众多工具之一，但它非常重要，因为历史分析表明，它在确定未来回报时非常具有一致性。如果资产、行业或市场没有结构性问题，在周期调整市盈率较低时购买资产可为你提供安全边际。从长远来看，股市极不稳定。周期调整市盈率是一个很好的工具，可以为你显示市场是否被高估或低估。这是一个令人惊喜的工具，无论是用来分析一般市场、行业还是个股的情况，它都有助于确定任何股票的价值区间。

第6章 安全边际

> 安全边际的功能实质上是对未来进行不必要且准确的估计。
>
> ——本杰明·格雷厄姆

确定安全边际

> 价值投资是一种纪律，它要求以当前潜在价值的大幅折扣价格买进股票并持有它们直到更多价值得到体现为止。
>
> ——赛斯·卡拉曼

价值投资的精髓是寻找便宜股，即以低于100美分的价格购买1美元。当发现一只便宜股时（便宜股可能很难发现，特别是在像我们现在这样的市场之中），下一步是确定安全边际，或者说是由未发现的价值或内在价值提供的价格折扣，这个折扣越大越好。

安全边际的关键在于找到使你长期亏损的可能性达到最小化的投资。假设一只股票的交易价格为每股5美元，而它拥有的每股房地产价值为10美元，我们可以很容易地得出其安全边际是50%。如果该公司几乎没有盈利而且没有债务，那么长期来看，这种投资不大可能使你亏损，因为无论该公司在做什么，始终会有房地产给股票带来价值。你可能会认为，一只具有房地产价值达10美元每股的股票，不可能以5美元的价格进行交易。不过，由于投资者通常把注意力集中在最新消息上，市场往往会变得极度非理性。暂时的负面情绪甚至可以使股票以其内在价值的10%进行交易，股票的价格几乎总是不同于其内在价值。

例如，2008年10月，在美国市场交易的近8 000只股票当中，有超过1 000只股票的交易价格低于其每股现金流，这些甚至不是房地产价值，而是纯现金！与此同时，有许多股票，尤其是新兴市场和前沿市场的股票，它们的交易价格仅为其资产价值的10%甚至更低，其中一些资产是非常有价值的房地产。

好消息是，市场会不断提供具有安全边际的便宜股。然而，这种投资策略要求：

- 严格的纪律，使你远离最新的市场投资时尚。
- 刻苦研究，研究市场上的每一种投资选择，并对有潜力的股票进行深入的尽职调查。通常情况下，即使股票的价格远低于其账面价值，它也是得到了合理定价。
- 愿意长时间承担低于一般市场表现的压力，由于负面的市场情绪，股票可能会在较长时间内保持低估状态。只要市场对某些股票产生非理性的兴奋感，市场就不会认识到价值也不会寻求价值。
- 耐心等待合适的买进时机。

安全边际的重要性以及它应该有多大

价值投资者没有兴趣买进以合理估值的价格进行交易的股票，即用1美元购买1美元。通过以折扣价格进行投资，价值投资者不太可能经历永久性资本损失。安全边际仅取决于支付的价格，巴菲特描述安全边际的一句名言如下：

“当你建造一座桥梁时，你确信它可以承重30 000磅，但你只在上面驾驶10 000磅重的卡车，同样的原则也适用于投资。”

在投资时使用安全边际的精髓是限制亏损的可能性，通过限制下跌的风险底限，投资者更容易打开上涨空间，因此能够以较低的风险获得与其他市场参与者相同或者甚至更高的回报。以安全边际进行投资的另一件重要的事情是，它会在市场下跌中显露峥嵘，因为当企业收益开始下降时，投资者会寻求安全和保护，这只能在那些无论短期经济形势如何都能提供安全边际的股票中找到。由于基本面的支撑，在熊市中表现低迷的股票，可能只有很小的下跌空间。

现在，除了我们在本书其他部分涉及的安全边际的显著重要性之外，更大的问题是，这个边际应该有多大？

遗憾的是，没有计算公式，这一切都取决于个人投资者，你的波动率容忍度，以及在一定的潜在回报之下，你愿意承担多少风险。

你对安全边际要求得越高，就越难以找到合适的投资。因此，确定安全边际大小的一个重要部分是投资过程的大量研究工作。你有时间分析和跟踪的股票越多，发现具有安全边际的投资的概率就越高，重点在于分析和专注。你分析的股票数据库越大，跟踪它们就越容易，并且当它们的价格达到你要求的安全边际范围时就会采取行动。因此，必须不断地比较所研究的股票，买进那些能够提供最大安全边际的股票，或者拥有能够释放价值的催化剂的股票。

寻求最大安全边际的问题在于你经常会持有大量现金，持有大量现金本身并不是一件坏事，它允许你在机会出现时有足够的资金去进行投资，并且真正在风险很小的情况下实现高回报。然而，持有现金的机会成本往往会导致放宽一些投资标准，并导致投资失误。因此，一定要确保拥有一套强大的投资纪律，并进行必要的研究，从而能够充满信心地进行投资。

应用安全边际方法的一个有趣的方式是分阶段买进。假设你在安全边际为20%时开始使用投资组合中的一小部分资金买进股票，如果安全边际变成40%你使用更大部分资金买入，如果安全边际达到60%你再继续使用更多资金买入。通过这种方式，如果在安全边际为20%时仅买进1%的投资组合，你就有足够的时间了解该公司，确定其价值是否真实或者是否存在隐藏风险。

如何识别安全边际

安全边际的关键在于，即使在最坏的情况下，你也不会亏钱。我现在将介绍确定安全边际的3种简单方法，请参考工具＃3和工具＃6了解清算价值和内在价值，这些工具在确定安全边际时也非常有效。安全边际与内在价值的区别在于，安全边际是股票在内在价值基础上提供的对下跌风险底线的保护。

工具＃10 每股现金流/每股净现金流

现金是确定安全边际的最简单方法，这听起来似乎太容易了，但有时公司的股价会低于其每股净现金流。这种情况并不那么常见，因为投资者通常不会意识到管理层的意图。如果该行业有足够的抛售压力，就可以以低于每股净现金流的价格轻松买进该股票，每股净现金流通过从现金和现金等价物中扣除总负债来确定。现金等价物是可以相对快速变现的所有资产，例如，

2017年第三季度，苹果公司的净现金为1 532亿美元。下表显示了如何计算净现金。

表7 苹果公司的净现金计算（单位：10亿美元）

资产	
现金和现金等价物	20.3
短期投资	53.8
权益和其他投资（在资产负债表的资产侧）	194.7
总额	268.8
负债	
短期负债	18.4
长期负债	97.2
总额	115.6
净现金	153.2

资料来源：苹果公司的财务报表

为了使这些计算更容易，你可以将净现金值与市值进行比较，或者将净现金除以已发行股票数量。2017年第三季度苹果公司为52亿股，在这种情况下，每股净现金为29.4美元，这远远低于苹果公司目前的股价，但这是在创造安全边际时的一个价格点位。2016年，苹果公司的股价为90美元。通过从90美元中扣除净现金，该股票的实际价格仅为60美元，然后可将其与未来收益值进行比较。

这里需要着重注意的是，在能够将净现金用于股息或股票回购之前，苹果公司应该为在国外持有的现金支付美国公司税，在这种情况下，税额几乎相当于苹果公司的全部现金。根据公司税率或其他具体的免税期，投资者必须进一步折算苹果公司的现金。

然而，并非一切都像计算每股净现金一样容易。如果一家公司没有盈利并且将来会烧掉大量现金，我们就不能把现金视为安全边际。增长型生物技术公司往往由于融资轮次而拥有大量现金余额，这使得它们看起来很便宜，但考虑到它们的现金消耗率，它们就并非那么便宜了。

买进低于净现金价值的股票的时机是，在市场形成下跌，整个市场的悲观情绪造成较高的抛售压力并拉低所有股票价格的时候。满足如下四个要求的才是最终的具有安全边际的投资：（1）良好的基本面；（2）盈利运营；（3）低负债；（4）比市值更多的现金。

工具 # 11 股息可持续性

有可能找到相比实际市值拥有更多现金的可靠企业，但这种情况只发生在像严重衰退这种罕见的情况下。然而，更适用的做法是，在企业既定的现金数额及每股现金流的情况下，检查股息的可持续性。

股票可能发生的最糟糕的情况之一就是削减股息，投资于某家公司的许多投资者都是被股息所吸引的。如果股息支付周期延长并且在经济衰退或行业暂时衰退期间削减股息，许多投资者会更愿意转向其他持股，即使这可能不是明智之举。此外，较低的收益率或没有股息会消除那些新的股息投资者的兴趣，并且无法实现股息再投资计划，由此造成的结果对于该股票来说可能会很糟糕。

例如，自大萧条以来，通用电气公司仅削减过两次股息。2009年2月27日，该公司宣布将每季度的股息从31美分降至10美分。在公告日股价下跌59美分即6.9%，从9.28美元下跌到了8.6美元，并在接下来的一周进一步下跌到了5.87美元的低点，周跌幅高达37%。股票随后回升，但它显示了削减股息可能带来多大的影响，因为就像许多人会变得非理性一样，许多人也会把股息作为投资圣杯。

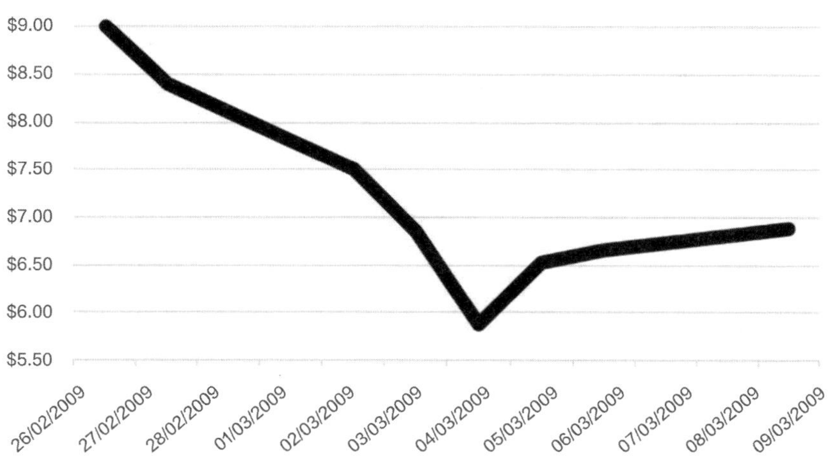

图29　2009年2月28日至3月9日通用电气公司宣布削减股息后的股票表现

资料来源：作者的数据

所有这些意味着，如果你正在寻找具有安全边际并且支付股息的公司，最重要的安全因素是股息的可持续性。要检查股息是否可持续，必须检查可用现金以及运营现金流量，尤其是在经济不景气时这些现金流量如何变化。

同样，在2017年11月13日，通用电气公司宣布将其股息从每季度24美分削减至12美分，即使这应该使该公司更稳定，但其股票价格在公告日下跌了8%。

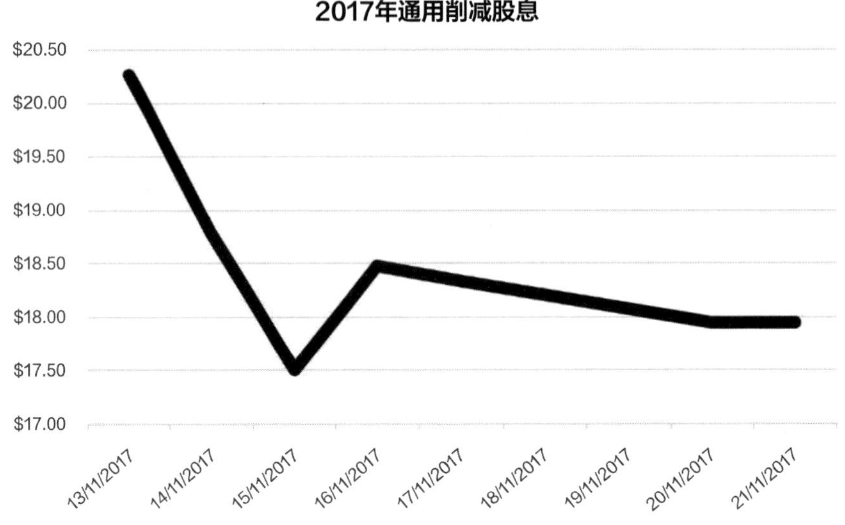

图30　2017年11月通用电气股票在削减股息期间的表现

资料来源：作者的数据

2017年11月的削减股息正是2017年对通用电气的最后一击，因为迄今为止其股价下跌了44%。这一年的大幅下跌表明市场预期会出现这种情况和削减股息，但在公告之后股价进一步下跌。这就是为什么，在以股息作为安全边际时，我要强调股息可持续性的重要性。

要想了解股息是否可持续，必须关注该公司当前的利润率，并估计经济衰退将会对其利润产生什么影响。也许最好观察一下该公司在上一次经济衰退或周期性下跌期间的表现，如果利润率很低，即使竞争对手给予的压力稍有增加也会使股息受到质疑，那么其实就不存在安全边际。如果该公司拥有可靠的利润，拥有护城河，并且其业务受经济周期的影响不大，则可以认为其股息更安全，从而增加了安全边际。

至于资产负债表上的现金数额，问题是：管理层的意图是什么？如果它将用于收购或昂贵的回购，投资者不能将其视为一个安全边际。确定股息是否安全，实际上可以归结为对公司和行业的了解。话虽如此，但非常关键的是许多人很容易被管理层所说的话或公司过去的实力所蒙蔽，通用电气公司就是一个很好的例子。

清算价值（参见工具＃3）

清算价值是最终的安全边际，如果一家公司存在问题并且你正确地评估了其清算价值，那么如果清算价值高于当前股票价格，你就可以睡得很踏实了。重要的是在评估清算价值时要非常保守，因为在清算过程中，资产通常不会以面值出售。

内在价值作为安全边际（参见工具＃6）

一家公司的股票价格与假定的内在价值之间的差异越大则越好，从长期来看，股票价格通常会反映公司的全部价值和基本面，因此如果内在价值得到正确的计算，内在价值也可以提供安全边际。与往常一样，可以允许出错，因为在评估内在价值时存在很多主观性。

第 7 章
企业护城河

> 我想要一座自己熟悉的城堡，但我更想要一座带有护城河的城堡。
>
> —— 沃伦 · 巴菲特

使用定性因素分析公司的风险

> 在关注回报之前，你首先要关注风险。你需要关注多种可能的风险情况，什么可能出错？你可能损失多少？
>
> —— 赛斯 · 卡拉曼

我在确定安全边际时讨论定性因素，你可能会对此感到惊讶，但目前的投资环境与20世纪30年代有很大不同，那时是由本杰明 · 格雷厄姆创建策略并专注于会计价值。

现在可以在很多方面找到安全边际，比如，新技术的用户数量、公司的市场份额、竞争优势、品牌实力、管理能力和专注力、地理位置、法律管辖权等。但是，不要在最后被定性因素所愚弄，最终的答案在于公司产生的现金以及你支付的价格，如此而已。然而，在分析企业时，理解并始终考虑定性因素是非常重要的。

作为一个价值投资者，你经常会被理论上看起来非常便宜的股票所吸引，但是，在大多数情况下，这种股票价格之所以便宜是有原因的，在分析股票时了解其商业模式以及定性风险非常重要，定性风险可以来自于政策变动、法律诉讼、不称职的管理者、竞争加剧等方面。

工具 #12 确定企业护城河

不能忽略的一个定性因素是所分析企业的固有稳定性，这需要具备深厚的行业知识，以及对潜在行业趋势和消费者行为的了解。一只股票可能看起来非常便宜，但如果它正在不断流失客户，那么它的便宜就是有原因的，拥有巨大的企业护城河是一个关键的安全边际指标。不存在衡量企业护城河的精确工具，因为如今的大多数护城河都具有主观性质，它取决于投资者对其品牌实力的认识。话虽这么说，分析护城河的最佳方法是将所分析的企业与竞争者和潜在的竞争者进行比较。如果真的很难找到对该企业的威胁，那么该企业很可能拥有巨大的护城河。

巴菲特将具有持久竞争优势（或护城河）的企业描述为：

“一家真正伟大的企业必须拥有持久的‘护城河’，从而保证投资资本能够获得优异回报。资本主义的动态规律使得竞争者必将不断攻击那些拥有较高回报的企业‘城堡’。因此，一个坚固的壁垒，比如一家公司是低成本生产商（盖可保险、好事多）或拥有强大的全球品牌（可口可乐、吉列、美国运通），这对于企业持续获得成功至关重要。商业的历史充满了‘罗马焰火’现象，那些被证明护城河是虚幻的公司，很快就会被攻破。

我们的‘持久’标准使我们排除了那些易于发生迅速、持续变化的行业中的企业。虽然资本主义的‘创造性破坏’对社会非常有益，但它也排除了投资的确定性，必须不断重建的护城河最终将变成根本不存在护城河。”

要想确定一家公司是否拥有护城河，需要检查以下一些事项：

• 低成本供应商——如果一家公司能够持续以最低的成本向客户提供满意的产品，那么我们就没有必要转换到其他产品。

• 高转换成本——这是微软的护城河。只要大多数人在使用并且习惯于他们的操作系统，转换到其他产品的成本将是非常高昂的。

• 网络效应——当一家公司成功建立了优于所有其他基础设施的网络效应，并且建设新网络的成本极高时，我们就可以认为该企业拥有一个巨大的护城河。这种网络效应的例子是亚马逊和Facebook。

• 强大的品牌——苹果公司已经成功打造了一个极其强大的品牌，客户对苹果品牌具有强烈的好感，这使得公司的利润率高于竞争者，并显示出了强大的品牌力量。在所有商品都以极低的价格供应的环境中，品牌实力只会变得越来越重要。

• 美誉度——在当今世界，对商品质量的美誉度具有重要意义。当客户认知与领先的行业地位相结合时，一家公司可以成为一种产品的代名词。比如，谷歌（Google）、邦迪（Band-Aid）、报事贴（Post-it）或者舒洁（Kleenex）。

• 规模经济—— 一些企业的运营需要大量的前期投资，其回报来自未来的低成本产品。一旦这样的企业投入运营，竞争者就会知道建立类似的业务会消耗掉其在该行业的所有利润，因此不会再进行投资。一个简单的例子是公共设施。没有人会在同一地区建造第二个电网。

- 政府保护——这可能是迄今为止所提到的所有护城河标准中最棘手的，但如果企业可以享受政府保护，那么其他企业就真的无能为力了。然而，在当今的全球商业环境中，越来越少的公司能够达到垄断或者能够受到政府一些形式的保护。相反，政府正在尽最大努力使公司规模难以变得更大，特别是对于今天的科技公司而言，这是一个重要的风险。

巴菲特在其投资生涯中发现了很多拥有护城河的杰出企业，不过在今天我们已经很难找到那种企业了。因此，在20世纪，永久持有一只股票是一个很好的投资想法，可是在如今可能并不尽然。但是，任何投资分析都必须进行类似的护城河分析。

工具#13 使用1998年之前的伟大投资者未曾使用过的工具——谷歌

通过简单的搜索，就能在谷歌上获得多到令人难以置信的公司信息，特别是通过查看新闻部分。通过谷歌搜索管理层，你可以了解他们的诚信以及他们过去的承诺兑现情况，可以更多地了解公司使用的技术及其所处的行业，可以更好地了解商业环境和潜在风险，特别是如果信息来源于不相关的第三方的时候。同样重要的是，公司如何对待员工及其在行业观察员中的声誉。众所周知，如果你向同一行业中的几家不同公司的人询问竞争者的优势和劣势，就可以了解到非常准确的商业环境状况。

如果可能的话，分析公司的定性因素的一个好方法是购买其产品。提供比竞争者更好的产品，并让你成为一个满意的客户，这是一个好兆头。但当你想对一家做出很多承诺的公司进行投资时，那么你花20美元买一条该公司生产的裤子，将会避免因为不良投资而损失数千美元。

同样，查看谷歌或网上评论也非常重要。此外，谷歌趋势（显示在谷歌上搜索某个产品的数量）可以真实地表明未来的销售情况，股票市场分析师和普通消费者的观点之间通常存在很大差异。

工具#14 分析管理层的素质/诚信

管理层的素质是企业成功的关键，因此，我们必须寻找那些拥有高素质的管理层的公司，并且它们管理层的利益应该尽可能符合股东的利益。无论管理层的表现如何，我们都应该避免投资那些具有以下一些特征的公司，或者至少需要更大的安全边际才能降低投资风险。

管理层控制着公司，而不是股东。当今的企业环境下，许多公司并不真正拥有一个所有者。各种ETF、共同基金和养老基金往往拥有一家公司的一小部分，而它们实际上并没有相对应的所有权。这导致了许多问题，并且没有真正创造长期股东价值，例如为了增长而增长，以及通过期权奖励不断稀释股东权益。

管理层追求短期绩效的一个例子就是以高于账面价值的价格进行股票回购，这可能暂时推高股价，这样虽然可以为管理层赢得更多期权，但不会增加股东价值，这只对那些将股票出售给管理层的人有利。股息对大多数股东来说是更有利的，因为这样可以在低价时进行再投资，从长期来看会大大增加他们的财富。

同样，管理层经常发明商业策略，其唯一的好处就是能够使用所创造的资本并增加他们自己的薪水，而其对股东的利益是值得怀疑的。请记住，如果一名CEO管理着一家拥有两万名员工的公司，那么相比管理着拥有一万名员工的公司的CEO，他所拥有的喷气式飞机应该比后者的大一倍。在良好的经济环境中，通过一次收购就可以轻松地从一万名员工增加到两万名员工。鉴于股东的控制力有限，当经济环境恶化时，我们经常会看到许多损害股东利益的行为。

投资真的可以很简单，如果你能够以合理的价格买进一家拥有高素质管理层的优秀企业，这在你的投资生涯中只需要发生几次就可以获得高额回报。如果能实现，你几乎肯定会战胜市场并获得极高的回报率。如前所述，投资者有很多次机会能够以低于报告账面价值的价格买进伯克希尔哈撒韦公司的股票。鉴于巴菲特在该公司的终身任期，我们可以明确地说，他的目标是所有股东的利益，以最佳风险回报率妥善配置资本。他已经这样做了50多年，因此，有证据证明他的诚信。在诚信方面，没有必要急于求成，市场迟早会将优秀管理层的优质企业的价格推向极端低位。这种情况通常发生在大多数投资者迷恋新投资趋势的时候，就像20世纪90年代的互联网时代或者本世纪头十年的被动市场基金。

工具#15 潜在激进投资者的介入可被视为安全边际

当企业遇到麻烦，导致股价下跌（无论是由于收入下降还是收益减少），前面提到的股东缺乏一致性，再加上较低的股价，可以使该公司成为激进投资者的目标。激进投资者的目标是通过改变管理层或迫使其做出某些决定来释放公司价值，当一家公司陷入困境时，观察它是否可能成为一个激进投资者的目标可以提供额外的安全边际。

能够说明激进投资者如何运作的一个很好的例子是加纳基金[①]（Jana Partners）与全食公司（Whole Foods）的合作。加纳基金于2017年4月披露持有全食公司9%的股份，使其成为了全食公司的第二大投资者。加纳基金的目标很明确：将全食公司出售。这种态度让全食公司的首席执行官约翰·麦基（John Mackey）说："这些人只是想卖掉我们，因为他们认为可以在很短的时间内赚到40%或50%。他们是贪婪的混蛋，他们进行了一系列的宣传攻势，试图破坏我的声誉和全食公司的声誉，因为这样做符合他们自身的利益。"

毋庸置疑，全食公司已于2017年8月以27%的溢价出售给了亚马逊，这为全食公司的投资者提供了极好的安全边际。

① 加纳基金（Jana Partners）是一家成立于2001年，管理70亿美元的美国对冲基金公司，是行业内的一家激进的投资机构。

第 8 章 不要赔钱

> 第一条原则：永远不要亏损。第二条原则：永远不要忘记第一条原则。
>
> ——沃伦·巴菲特

工具 #16 重点关注你所支付的价格

确定安全边际的主要因素是你所支付的价格。如果你在一只股票价格过高时买入，其安全边际可能不存在，以较低的价格买入，其安全边际可能很小，而以更低的价格买入时，其安全边际可能很大，因此，最好的办法是只投资那些提供巨大安全边际的股票。所以说，安全边际越大，你的投资回报就会越大，风险就会越低。

鉴于无法准确确定股票的内在价值，最好的办法就是以较大的安全边际买进股票，从而避免人为错误。有许多投资理论会降低股票价格的重要性，特别是在牛市和在当前被动管理指数的投资热潮中，他们假设股票总是会上涨。历史上曾多次出现过类似的盲目乐观信念（如20世纪20年代、20世纪60年代和90年代），对于那些盲目投资股票市场但又不重视股票价格的人来说，遗憾的是这种信念并没有产生好的结果。这应该是不言而喻的，但我想着重强调一下股价，并将其作为一种分析工具，因为它非常重要。

股票市场尤其是个股非常不稳定，这对某些人来说是件坏事，但对于价值投资者来说却是件好事。永远不要忘记，你所承担的投资风险主要取决于你所支付的股票价格。股票价格越低，你的回报就越高，风险也越低。这并不意味着股票在价格大幅下跌后就是一个好的买入点，因为价格下跌通常是有原因的。谨慎对待你所支付的股票价格，这意味着以内在价值的折扣价格买进股票，这个折扣越大，投资机会就越好。

你需要等待股票出现与长期内在价值相关的折扣价格，你付出的耐心越多，由于股票市场的波动性，该折扣就会越大。此外，你分析的股票越多，你计算的内在价值越多，则投资的机会就会越多。

价值投资的精髓是以内在价值的折扣价格买进股票（因此，具有安全边际），所需的实际折扣取决于你的个人风险回报偏好，确定所需折扣的最简单方法是观察企业长期收益和内在价值。如果你的目标是从投资中获得15%的回报，那么当股票价格使长期平均市盈率达到6.6时，你就找到了一只满足所需折扣的便宜股。预期10%的回报的投资者将会需要较小的折扣，因为只需长期平均市盈率达到10就能满足所需折扣。由于我们无法知道市场何时能够识别出这个折扣价格，因此企业能够创造价值就显得非常重要，而且相对内在价值的折扣价格也非常重要，即使市场没有立即识别出该股票的全部价值，这也可以让你获得某种价值。对于能够使回报达到15%或20%所需要的折扣价格，其问题在于，这种折扣价格不会经常出现，但它们肯定会出现。在分析投资想法上投入的时间越多，等待大幅折扣的耐心就应该越大。除此之外，拥有的知识越多，所需的相对内在价值的价格折扣就会越大。

经常误导价值投资者的一个与价格相关的问题是，他们认为只有在价格下跌之后才能以折扣价格买进股票。事实上，过去的股票价格不应该对决策过程产生很大的影响。重要的是相对于内在价值的折扣价格，这意味着即使股票处于历史高位，该股票也可能被低估。

将企业所处行业作为价值的一部分

如果黄金价格在经过一段时间的繁荣之后开始下跌，那么找到最好的黄金采矿企业也没有任何意义，只会让投资组合从亏损90%变为亏损80%。在进行投资决策时，必须将行业状况考虑进去，关键是在其行业风险较低且上涨空间较大时进行投资。你对一个行业的了解越多，你的投资回报就会越高。虽然存在着许多不同的行业，并且市场通常关注短期事件，但可以确定一套估值原则来估计长期发展前景。通过一些常识和基本的长期估值方法，可以利用各个行业（特别是大宗商品）的自然周期性来获利。

工具#17 分析行业的周期性

如同在生活中一样，在投资中也没有什么是永久性的。我们人类喜欢线性和稳定性，这是人类的本性，它使我们在大自然中能够生存。但在投资环境中却完全不同，在投资世界中你必须接受不确定性，如果你能利用波动性则更好。

大宗商品通常是周期性的，我们在前面的章节已经说明了铜价是极具波动性的，在分析大宗商品时，需要分析平均采矿成本和行业趋势。一种商品的市场价格可能会暂时低于生产成本，但这不会持续很长时间，因为由其带来的损失很快会迫使高成本生产商降低产量。结果，较低的产量会降低供应量，从而形成一个新的更高的平衡价格。一旦有企业盈利，其他企业就会增加供应量，导致这个价格周期重新启动。每个行业通常都有一个周期路径，因此在分析周期性股票时一定要认识到其周期路径。

分析行业时要考虑的另一个方面是长期供给与需求趋势。如果供给受到限制而需求不断增长，那么你就找到了一个有前景的行业。想想最好地段的房地产，你并不能增加中央公园周围的顶层公寓的数量。如果该行业正在增长，比如新兴市场经济或者发达经济体中的老年人口，那么许多企业将会进一步利用积极的行业环境。不断增长的行业通常会提供另一个安全边际，即使其管理层不是最好的，增长也可以带来安全的回报。

工具#18 分析自然经济周期的影响

每个企业都在一个经济体中运营，并且每个经济体都具有周期性，即使经过几年的经济扩张，它们可能看起来不会经历周期性下跌。然而，根据美国国家经济研究局的数据，自1945年以来，平均每58个月就会产生一次经济衰退并对美国经济造成一次打击。因此，即使现在看起来不会发生经济衰退，仍要始终期待经济衰退，并创建一个关于公司内在价值的模型，将经济衰退对收入、成本、收益、债务和现金流量的影响作为该模型需要考虑的因素。

在经济衰退中，最重要的是要知道其他投资者通常会感到恐慌，他们的恐慌使其以非常便宜的价格抛售所持有的股票，因为他们认为暂时的问题将是永久性的，或者他们担心股价会进一步下跌。类似的心理也会在经济扩张期间发挥作用，贪婪会使大多数投资者在经济扩张中高估股票价值，没有人会预料到经济衰退。

然而，我们需要分析类似公司在之前经济衰退中的表现，观察公司的利润状况，并尝试计算衰退对公司的影响。如果该公司不可能破产，你就拥有了一个安全边际，并且可以对股票应用周期调整市盈率来分析其内在价值。由于经济衰退通常仅持续11个月，因此我们有很多时间去分析股票，但我们也不会等待太长时间，因为股市通常预期会出现复苏。

如何避免价值陷阱

价值型股票很有诱惑力，但绝大多数都是价值陷阱，投资者可以通过注意一些问题，从而降低踏入价值陷阱的概率。

价值投资是一项寻找那些价值超过价格的股票的活动，这种股票因此被视为便宜股，价值超过价格可能是由于较低的市盈率、较低的市净率、未被市场识别的增长或者较高的股息收益率。市场最终会认识到定价错误并通过对公司进行合理估值来纠正错误，价值投资者希望在市场给出合理定价时能够获利。

然而，只是因为股票看起来便宜或已大幅下跌而买进股票，这是有风险的，因为该股票之所以便宜，通常有着充足的理由。当存在一些原因时，比如竞争加剧、缺乏增长、管理问题或行业疲软等，股票的价格可能永远无法回归到之前的合理估值水平。当股票价格没有回升时，它就成了一个明显的价值陷阱。

避免价值陷阱说起来容易做起来难，但对其进行讨论仍是很重要的，因为落入价值陷阱可能会长时间锁住宝贵的资金，并为你的投资组合带来巨大的机会成本。下面将介绍一些会导致价值陷阱的问题，并帮助你避免落入价值陷阱。

工具#19 寻找未来催化剂

如果股票的交易价格低于你估计的内在价值，那么它就应该具有安全边际。问题是市场可能永远不会意识到错误定价，甚至股票可能会下跌更多。因此，除了寻找股票的价值之外，投资者还必须寻找能够释放其价值的催化剂。如果没有任何催化剂，股票很容易成为价值陷阱。

未来的催化剂可能以一些形式出现，比如收购、增加股息或开始发放股息，更高的收益，企业运营状况的改善，周期性好转，资产出售，政治前景或其他形式。重要的是，需要有很大的概率在未来产生一些利好，从而触发价值得到释放。因此，需要始终事先了解在什么情况下才能推高股票价格，或者至少能够改善基本面。

寻找潜在催化剂的一个好办法是听取电话会议，了解行业趋势、具体市场发展以及对未来基本面变化的分析。

工具#20 避免长期衰退的行业

除了缺乏未来的公司催化剂之外，了解该行业的当前情况以及产品的总体前景也非常重要，分析影响某一行业供给与需求的因素极为重要。事实上（由于采用了新技术），未来几代人都可以以低成本提取足够的石油，这是一个明显的迹象，使石油投资成了一个潜在的价值陷阱，特别是因为我们还不清楚世界转向电动汽车时代的发展速度。

如果在不断增长的行业有一只便宜股票或者有一家拥有巨大护城河的企业，那么该股票成为价值陷阱的可能性要低得多，这是因为商业环境迟早会发生变化。如果一家公司处于一个处于长期下行趋势并且竞争激烈的行业中，那么它成为价值陷阱的可能性要高很多。

工具 # 21 关注重要的内部交易活动

当股票价格下跌而企业内部人员正在买入（特别是中层管理人员）时，这是一个明确的信号，表明其员工对该公司有信心。然而，当出现更多的是抛售而不是买进时，这可能是另一个信号，表明该公司实际上运营不善，价格下跌背后另有原因。

投资者在这里必须要谨慎，因为有时候CEO会通过故意购买股票来掩饰公司存在问题。因此，了解中层管理人员正在做什么是非常重要的，因为对他们来说，10万美元甚至5万美元的买入是非常有意义的，而如果CEO花费10%的薪水去购买股票则可能并不重要。你可以从一些专业数据提供商那里找到内部交易活动报告，或者仔细记录那些上市公司报告内部交易活动的证券交易委员会（SEC）文件。公司的年度报告在这里也很重要，因为它也总是涉及内部交易活动、所有权和补偿金，需要注意不要将股票购买与既得期权产生的股票购买相混淆。请注意，只有完全以市场价格进行的股票购买才会计入重要的内部交易活动。

工具 # 22 检查股息的可持续性

我们已经介绍过股息的可持续性是确定安全边际的一个重要因素，同样，股息的可持续性是一个潜在的价值陷阱指标，而股息增加可能是潜在的催化剂。

如果公司销售的商品价格下降，很明显将会没有足够的现金流来继续支付同样的股息。最重要的是，市场厌恶股息削减，因此，如果存在着更多股息削减的可能性，即使该股票已经相对其内在价值产生了大幅股价折扣，这也可能创造一个价值陷阱。

然而，彼得·林奇因买进股息削减的公司而闻名，因为经过改善的资本管理通常会导致未来更好的财务状况，并可能恢复股息发放。

要检查股息是否可持续，最重要的是要查看该公司的现金流量表。了解保持股息发放需要多少现金，运营现金流有多高，融资成本以及正在进行中的资本投资。投资者应仔细检查这些事项，以便能够找出可用于未来股息发放的现金流。

进行此类检查的最佳方法是从产品的销售价格开始，然后是产品的生产成本，再然后分析商业环境如何影响每个因素，这些因素可以归结为股息支付的可用现金流。

工具#23 确定市场情绪

在对一项投资进行评估时，行为金融学总是很有用的。如果股票价格在没有明显原因的情况下下跌，而基本面保持不变甚至有所改善，我们就可能发现了一只便宜股。有时投资者只是因为一只股票处于他不喜欢的国家或行业，在不了解该公司的个体立场的情况下就卖掉股票。不过，对一个国家的负面政治情绪可以使其股价在很长一段时间内保持低迷状态。

同样，市场情绪可能非常积极或者消极，并且可能会持续很长时间。在1990年的《政治经济学杂志》中，德隆（Delong）、施莱弗（Shleifer）、萨莫斯（Summers）和沃德曼（Waldmann）发表了一篇名为《金融市场噪声交易者风险》的论文，这篇论文首次分析了市场情绪的力量。他们发现，具有错误信念的非理性噪声交易者，既会影响价格，又会获得更高的预期收益，非理性交易者的力量阻止了套利者积极地与这种市场情绪进行对赌。因此，价格可能会在较长时期内与基本价值形成明显背离。

因此，了解市场情绪对于确定投资入场点和股票的预期波动性至关重要，极高的负面情绪可以将股价推至极低的位置。例如，俄罗斯最大的银行联邦储蓄银行（Sberbank）在2015年的乌克兰俄罗斯危机期间的市盈率低于4。我的观点是，即使是大公司也可能由于负面情绪而以极低的市盈率进行交易。价值投资者必须为这种可能出现的极其便宜的股票随时做好准备，幸运的是这种情况经常发生（注：从2015年到2017年俄罗斯联邦储蓄银行的股价增长了5倍）。

工具#24 检查资产负债表上的资产质量

非常重要的是，不要将资产负债表上的数字视为可信任的，还需要考虑数字之外的情况。例如，如果1994年在纽约购买的一项房地产项目，并仍然在资产负债表上保留着当时的成本数据，那么这个如今备受追捧的房地产项目的估值可能会远高于其成本。然而，如果是2007年在一个不断流失居民的城市建造的购物中心，那么它的估值可能实际上远低于资产负债表上所显示的价值。

截至2015年，荷兰皇家壳牌公司（纽约证券交易所股票代码：RDS）已经花费超过70亿美元用于勘探北极石油。然而，随着石油价格的下跌，其资产负债表上70亿美元的准备金和资本化支出突然变得毫无价值。

总而言之，价值投资总是诱人的，因为高股息收益率和低市净率吸引着投资者，他们希望这些指标将会回归到市场的平均值。然而，绝大多数明显的便宜股票都会最终成为价值陷阱。因此，非常重要的是，要知道查看哪些指标，如果股票不符合上述标准，无论它们看起来多么有诱惑力，都不要害怕对那些机会说不。因此，当公司符合一定的标准时，诸如很好的基本面，处于增长行业并拥有巨大的护城河，未来有许多潜在的催化剂，较弱的竞争者，资产负债表上具有真实强大的资产质量，稳定可持续的股息，具有较低的当前价格但与公司或其商业环境无关，那么我们就发现了一只便宜股。听起来不可能有这样的股票吗？下一章将会详细介绍如何发现这种便宜股。

第 9 章 如何发现便宜股

如果你在不研究公司基本面的情况下购买股票，其成功率就和在玩扑克时不看牌下注一样。

—— 彼得 · 林奇

工具 # 25 如何以及去哪里寻找便宜的投资

我们都喜欢一打开电脑，随便找几只便宜的股票买入，然后等上一两年就能享受三位数的回报率。遗憾的是，这并不那么容易。价值投资者被放在了一个很困难的位置，因此被迫在各种地方寻找便宜股票，深入挖掘基本面并理解复杂的情况。

在哪里寻找便宜的投资

如果一项价值投资很容易分析，那么对于那些通过限定股价折扣和潜在回报进行投资的其他投资者来说也便是显而易见的事情了，这使得价值投资者需要对企业清算、复合证券、风险套利、衍生产品、新兴市场和前沿市场等领域进行深入研究。为了找到能够获利的便宜股票，投资者必须考虑以下因素：

催化剂

或许比寻找便宜股更重要的是寻找具有催化剂的便宜股，这种催化剂将导致合理的估值。寻找具有一些触发条件的便宜股，可以在不依赖市场力量的情况下使价值得到释放，加快价值释放的速度，并增加安全边际。催化剂的例子包括即将进行的企业清算、投票权的变化、衍生产品、股票回购、资本重组、股息增加、收入增长、转向盈利和资产出售。

催化剂可以实现利润，这是投资中最重要的因素。催化剂还可以降低风险，因为如果潜在价值与市场价值之间的差异迅速减小，那么新一轮市场或商业环境恶化的风险就会降到最低。

企业清算

我们都会被那些收入、收益和股息不断增长的企业所吸引。如果股票价格低于其内在价值，这些股票也可以是价值投资，但问题是，这些企业通常是得到了合理估值的，如果没有被高估的话。另一方面，即将清算的企业通常是一个非常复杂的情况，有许多不确定的结果，从劳务结算成本到资产出售价格或税务问题。这种情况的复杂性使投资者更喜欢正常运营的企业，这正是为什么清算企业是寻找便宜股票的好地方。

在这个市场中，企业清算是很少见的。但是，一旦经济衰退打击实体经济，就可能会出现许多企业破产和清算出售的情况，因为今天的许多企业都被人为地通过较低利率的高收益债券维持生存。尽管在20家陷入困境的公司当中，可能只有一家会成为很好的投资，但找到这样的投资肯定是值得的，因为它是一项“低风险，高回报”的投资。如果有任何与其相关的利好催化剂，那么它甚至能够成为更好的投资。

复合证券

公司越复杂，就越难以估值，因此许多投资者甚至都会忽略这种公司。这通常会产生错误定价，对于那些勤勉的价值投资者来说是可以利用的机会。当一家公司拥有不同股票类别，持有其他公司的股权或投资于复杂的投资工具时，通常会出现这种情况。

最近一个著名的错误定价的例子与雅虎及其在阿里巴巴（纳斯达克股票代码：BABA）的17%的股权有关，即使将雅虎在阿里巴巴上获得的收益按最高的美国利润税率来计算应缴税额，雅虎股票的价格也明显低于其所持有阿里巴巴股份的市场价值，这甚至还没有将雅虎的核心业务计算在内，雅虎在2015年一度曾拥有约50亿美元的现金，以及雅虎日本34%的股权。

还有许多其他复合证券错误定价的例子，由于很少有人坐下来仔细分析各部分资产的价值总和，所以将来还会出现更多这种情况。当出现大幅股价折扣时，价值投资者应该果断介入。

会计复杂性——公认会计准则与报告收益

很少有分析师和投资者是会计专家。说实话，会计（基本上是法律和数字的结合）并不是一个非常有吸引力的领域，那些具有不同会计政策或会计问题的企业也反映出了这方面的问题。懂得会计知识的投资者可以理解会计问题可能带来的影响，或者可以看到正式会计数字所表明的价值之外的真实价值。

关于公司管理层如何进行会计操纵的一个简单例子就是公认会计准则（GAAP）收益与调整后的备考收益之间的差距。

备考收益不包括管理层认为的非经常性的某些项目。其中一些费用项目包括解雇工人的费用、法律费用、购置费用、股票补偿费用、与资产波动相关的费用、资产减值、汇率变动的影响、忽略新开业和最近关闭的商店以及与当前运营无关的折旧。通过消除噪音，管理层的目的是提供与核心业务相关的收益，因为核心业务以外的事情并不重要。想要解释一家企业正在做什么的最好方法就是亲自查看一下它的年度报告。阿帕奇公司（Apache Corporation，纽约证券交易所代码：APA）[①]在其年度报告中报告了以下内容[②]：

“截至2015年底，阿帕奇报告净亏损231亿美元，即稀释普通股每股亏损61.2美元。在调整后的基础上，阿帕奇2015年的亏损总额为1.3亿美元，即每股亏损0.34美元。持续经营活动提供的净现金约为28亿美元，2015年调整后的EBITDA[③]为39亿美元。全年资本支出总额为47亿美元，扣除租赁收购、资本化利息、埃及的非控制性权益，以及剥离LNG和相关资产的支出后的总支出为36亿美元，该数字处于本公司2015年全年36亿美元至38亿美元预算范围的低端。”

阿帕奇的管理层设法将230亿美元的亏损变成了1.3亿美元的调整后的亏损，甚至最终得到了一个正的39亿美元的调整后的EBITDA。对于非专业会计的投资者来说，几乎不可能理解这种年度报告中的真实内容和不真实内容。遗憾的是，阿帕奇公司不是企业界的个案，而更多的是一个新主流。

此外，会计实践产生了许多数字差异。一个典型的会计问题如下：公司是在产品运往经销商时确认收入，还是只有在产品实际销售给客户时才确认

① 阿帕奇公司，创建于1954年，公司总部位于得克萨斯州的休斯顿，是在美国、加拿大等国家经营油、气勘探和开发的最大的独立公司之一。

② http://investor.apachecorp.com/releasedetail.cfm?ReleaseID=957024。

③ EBITDA为息税折旧摊销前利润。

收入？此外，管理层在决定如何命名某项交易或会计科目时存在着许多差异。同样的金融票据可以按成本持有，也可以用于交易，这使投资者难以理解报告数字背后的实际情况。

比寻找投资机会更重要的是，会计技能可以让你更好地了解风险。仅举几个可能对企业产生巨大影响的风险，较为复杂的情况包括：可能的负债、养老金债务、税收负债，而不太复杂的潜在会计问题包括：应收账款增长、存货增长伴随着收入停滞、有问题的财产再评估、收入确认等。本书的重点不是深入探讨复杂的会计世界，而是要认识到，你所知道的会计知识越多，就会成为越优秀的投资者。

风险套利

风险套利涉及利用暂时的市场无效性，其中的盈利或亏损取决于企业交易是否完成，通常是合并或收购。

在当今的环境中，收购通常需要监管部门的审批。然而，作为投资者，我们必须关注风险和回报。如果收购没有通过，其风险是目标公司的股票价格回到收购前水平。如果收购完成，股东将获得现金奖励。

有时收购价格仍会低于公司的内在价值，这种情况确实会限制风险，并可以带来快速的正回报。如果收购没有通过审批，很快就会有其他公司排队审批。

并购风险套利是一种周期性投资策略。如果并购或风险套利成为一种有吸引力的投资方式，那么差价通常会很小。这将导致更少的投资者采用该策略，从而增加了那些采用并购或风险套利的人的利益。

尽管如此，如果一家公司可能以当前价格的大幅溢价被收购，那么持有其股票始终是一项正回报的投资，并且通常是完全免费的。因此，如果在两项类似的投资之间进行选择，其中一家可能成为收购目标，而另一家不会，那么就很容易做出决定。

分拆和首次公开募股（IPO）

投资者寻找便宜股的另一个有趣机会是分拆和IPO（首次公开募股）。由于新股并未立即纳入指数当中，因此对此类股票的需求不大且市值较小，分析师尚且没有意愿涉猎这些股票。获得新股的股东通常倾向于出售分拆公司的股票，因为他们更愿意继续持有母公司的股票。在这种情况下，分拆公司的股票可以以非常低的价格进行交易。

在IPO时，最常见的情况是投资者预期该公司的成功会得到市场认可。因此，在IPO之后股票价格大幅下跌或被低估的情况并不少见，因为市场尚未识别出其价值，尤其对于成长型股票更是如此。然而，如果发现了一家优秀的企业，那么早期价值投资者就可以享受超额回报，因为该股票尚未被纳入任何一个市场指数和养老基金成分股。

投资于上述特殊情况需要耐心和纪律，耐心等待机会出现，并且有纪律性地正确分析它们，另一个寻找便宜股的有趣选择是小盘价值型股票。

小盘价值股和成长股

为了被归类为小盘价值型股票，一家公司的市值必须低于25亿美元，并且其股票价格必须低于其账面价值（或者具有最低的账面价值）。如果该公司在同一时间在不断增长，那就更好了。

拥有较小的市值有几个好处。其中一个好处是，在这种情况下，公司总是一个收购目标，在最终宣布收购时可以带来即时回报。其他好处包括增长前景，因为当公司规模很小时，更容易扩大规模。对于像我们这样的股票挑选者来说，当一家公司是一个小盘股时，这总会是一个好处，因为很少或者根本没有分析师对其进行跟踪分析。尽职调查最终会得到回报，因为市场迟早会识别出优秀的公司，即使小盘股也是如此。

在价值方面，当公司的股票价格低于其账面价值时，意味着投资风险有限，因为在企业清算或破产的情况下，有足够的资产来弥补所有利益相关者。但是，正确的尽职调查至关重要，因为在资产负债表上拥有大量固定资产与拥有大量商誉之间存在很大差异。在困难时期，商誉会受损，因为创造了商誉的收购将被证明是错误的，而房地产等固定资产在资产负债表上具有实际价值。超越资产负债表的研究可以带来进一步的好处，因为通过了解财产、厂房和设备会计科目背后的故事，人们可以发现一些建筑物被完全折旧，甚至没有出现在资产负债表上。如果发现一家公司存在这种情况，再加上没有分析师在跟踪分析该公司，这显然是一个真正的黄金机会，但这需要进行大量研究，分析股票领域内的每一只小盘股。

回到法玛和法兰奇（两位发明有效市场假说的教授）的研究，他们还发现小盘价值股的表现优于所有其他类型的股票，从成长股到蓝筹股都是如此。

为什么小盘价值型股票表现优异

这个问题有很多答案。为了找到小盘价值股，你必须进行大量枯燥的挖掘工作，没有多少分析师愿意做这些工作，因为跟随明星基金经理跟踪他们的建仓股会更容易一些。大型投资基金必须等待公司达到大盘股的标准之后才被准许进行投资，但到那时主要利润已经被反映到了股价之中。如果你是一名投资经理并且由于高价买入大盘股而犯了一个错误，那么你也不会感到沮丧，因为其他人也都会这样做，但是如果你推荐了一只小盘股并且其故事的结局并不好，那么你就可能会被解雇了。

最后一个原因是价值降低了投资风险。如果企业最终破产，也始终有资产可供出售，从而弥补损失。因此，小盘价值股以溢价交易，最终会带来更高的回报。

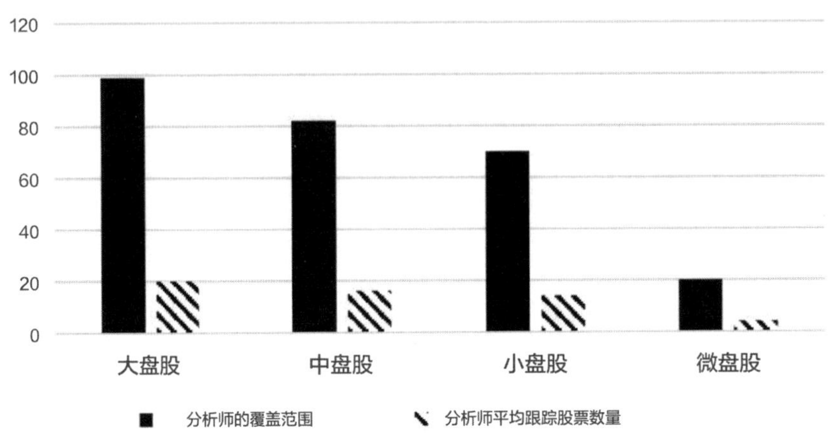

图31　按市值分类的股票和分析师的覆盖范围

资料来源：纽约大学，达莫达兰

要付出何种代价

投资于小盘价值股会伴随着许多投资者无法忍受的代价。要想在小盘价值股上最终获得回报，需要付出的代价是，小盘价值股往往具有自己的运行方式并且不会与标准普尔500指数同步。例如，2015年标准普尔500指数回报率为1.3%，而小盘价值股回报率为-6.84%。2014年也是如此，标准普尔500指数上涨14%，而小盘价值股仅上涨6.5%。2007年，标准普尔500指数上涨5%，而小盘价值股下跌8%。如果在与邻居交谈时，你发现他的投资组合在过去两年内上涨超过30%而你的回报是负的，你会有何感受呢?

问题在于，小盘价值股必须首先被大众发现，只有当它们变得受人欢迎时，它们才会通过获得合理的市场估值从而爆发上涨。因此，投资者可能会等待很长时间并且要忍耐其长时间表现不佳（比如2014年和2015年），但事情迟早会发生变化，就像过去90年之中价值股的优异表现那样。

较低的流动性、较高的不确定性以及普遍不愿意研究小盘股，这些意味着更高的溢价，最终会带来更高的回报率，准备投资小盘价值股的投资者将会在长期得到奖励。

在全球范围寻找便宜股

找到便宜股的一种方法是在世界范围内寻找它们。在一个国家的政治环境中，很多事情会随着时间的推移而发生变化，投资者往往会对这类情况反应过度，进而出售与某个国家相关的所有资产。国际资金外流可能会对较小规模的股票市场造成巨大压力，特别是在金融市场不那么稳定的情况下。同样，国际资金流入可能会使股票市场形成巨大繁荣。

由于政治新闻或货币贬值，短期波动性可能很高，但如果你持有股票，其相关资产将始终为你提供安全边际，无论它们位于世界何处。当然，这需要其资产是有形的而不是财务上的，只有在这种情况下才适用。拥有一家位于最著名的希腊海滩上的酒店，或者靠近帕台农神庙的酒店，它将始终具有价值，因为游客将继续前往这些地方进行游览，就像过去2000年的情况一样。寻找便宜股的一个良好开端是使用该国的周期调整市盈率，这通常可在starcapital.de网站上获得。

股权投资本土偏好之谜是指，尽管国际多元化投资能够带来很多好处，但人们还是倾向于将投资组合中的最大部分投资于国内证券。芝加哥大学的研究人员默斯科维茨（Moskowitz）和科沃尔（Coval）发现，美国投资经理对于总部位于本土的公司表现出了特别强烈的投资倾向，这经常会造成资产定价异常现象。晨星公司2013年的一项研究发现，美国共同基金投资者只将其27%的股权配置用在了非美国注册的基金中，而不在美国注册的股票占到了全球股票市场的51%。投资者更喜欢熟悉的股票，这是合乎逻辑的，但这通常会造成令人难以置信的价格异常现象。在我写作本文时，标准普尔500指数的市盈率高于25，而中国股市指数的市盈率为7.6。两者之间差异巨大，这将导致聪明的投资者取得巨大的长期回报，特别是因为中国经济的增长速度是美国的3倍。

利用行业周期性

寻找便宜股的第二个地方是行业。一家公司的负面消息通常会影响整个行业，并可能导致形成便宜股。观察一家公司是不是便宜股的最佳方式是评估其未来和过去的内在价值，周期调整市盈率有助于确定公司是否只是暂时被低估。

此外，对于大宗商品来说，相对容易的事情是确定未来的供给和需求，并利用通常的周期性获利。较高的商品价格会导致过度投资，进而导致供应增加和价格暴跌。结果，较低的价格会抑制新的投资，并且迟早会出现供应缺口，这通常会使价格飙升。拥有短线思维的多数投资者通常使用当前收益来对商品股票进行定价，因此，这些股票也极不稳定。通过比较短期周期性和长期趋势，价值投资者可以找到极大的安全边际。只要观察一下世界上最大的矿业公司之一的力拓公司（纽约证券交易所股票代码：RIO）在过去12年里的股票价格，就可能看出其股价极不稳定。

2005年到2017年力拓公司股票价格

$90.00
$80.00
$70.00
$60.00
$50.00
$40.00
$30.00
$20.00
$10.00
$0

07/11/2005 07/11/2006 07/11/2007 07/11/2008 07/11/2009 07/11/2010 07/11/2011 07/11/2012 07/11/2013 07/11/2014 07/11/2015 07/11/2016 07/11/2017

图32　由于投资者忽略了长期周期，力拓公司的股价极不稳定

资料来源：作者的数据

对我来说令人难以置信的是，像力拓公司这样成熟且多元化的矿业公司的股票，可以从2005年的20美元开始，仅仅两年之后就涨到了80美元以上，在2008年又跌到了10美元以下，然后在2010年迅速上涨到50美元以上，随后在2015年跌到了20美元，然后在2017年再次迅速上涨到50美元以上。价值投资者必须利用市场的短视心态，关注股票价格如何随着行业的周期趋势而变化。在下行周期买进股票时，最安全的选择是找到生产成本最低、负债最低的公司。这样的公司没有破产的风险，但由于消极的行业情绪却可能很便宜。买进负债更多或生产成本或采矿成本更高的公司，这更多的是赌博，但在周期转变时将带来更高的回报，但是，这不是正确的价值投资方式。

找到便宜股是投资中最美好的事情之一，但是，你必须翻开许多石头才能找到它们。在95%的情况下，股票价格便宜是有充分理由的，因此在投资便宜股时要格外谨慎。

然而，有时候股票价格便宜，但你找不到它有任何问题，这仅仅是因为市场还没有识别出这种股票的价值或者过于关注短期价格。问题是市场识别出价值可能需要很长时间，这就是为什么便宜股/价值投资者的优点是耐心，良好的股息或较高的收益通常有助于耐心等待。

双曲线贴现

有许多非常有趣的行为金融学概念都是投资者应该注意的，其中有许多概念将成为我下一本书的主题。然而，我觉得价值投资者将会非常感兴趣的一个概念是双曲线贴现①，这是由芝加哥大学布斯商学院的诺贝尔奖获得者理查德·塞勒（Richard Thaler）发明的。

双曲线贴现描述了人们通常倾向于选择近期能够获得的较小回报，而不是选择远期能够获得的更大回报。例如，即使人们愿意在一年后获得100美元而不是立即获得50美元，这种做法是合乎逻辑的，但大多数人会选择立即获得50美元。这是我们人类的本性使然，并且必须付出巨大努力才能消除这种心理偏见，这种偏见在投资环境中经常出现。

双曲线贴现可能是许多投资者痴迷于股息的背后原因，尽管如此，公司未来创造价值的贴现率远高于其短期内创造的价值。例如，如果有一个长期项目将在遥远的未来完成，那么股票市场参与者将以更大的贴现率对未来的现金流和事件进行贴现，即无风险贴现率加上股票市场溢价率。

在寻找那些内在价值远高于股票价格的便宜股时，这种市场非理性是另

① 双曲线贴现（hyperbolic discounting）又称为非理性贴现，是行为金融学中的一个重要概念。这个现象描述贴现率并不是一个不变量，具体是指人们在对未来的收益评估其价值时，倾向于对较近的时期采用更低的贴现率，对较远的时期采用更高的贴现率。

一种可能的寻找方式。价值投资者只需要对风险采用适当的贴现率，但不要像大多数投资者那样扩大贴现率。通常情况是，随着长期项目接近完成，未来的现金流量开始出现在下一年的收益预测中，这会使股价开始飙升。因此，在进入华尔街的短视雷达之前，一定要确保已经在这样的股票中持有仓位。

自上而下和自下而上的投资策略

自上而下投资的起点是展望未来并预测将会发生什么事情，这就是大多数市场参与者进行投资的方式，特别是在牛市中，他们把所有关注点都放在了预测未来增长和可能发生的事情上面。在2010年到2011年的黄金牛市中，没有人关注矿业企业的成本、负债或运营效率，分析师在黄金矿业股票管理上的问题中有90%是关于他们如何计划增加产量。在市场兴奋期，一些矿业企业由于较高的黄金价格而实现了自由现金流，但他们甚至没有考虑发放股息，而主要是进行昂贵的收购，在他们看来，黄金牛市似乎会一直持续下去，他们希望从中获取尽可能多的利益。

没过多久，一盆冷水浇灭了这个行业的火热情绪。黄金价格从2011年的每盎司近2 000美元的高位下跌到了2015年的近1 000美元。随着正现金流的消失，高成本和巨额债务负担无法应对，变卖资产成了普遍现象，市场很快从兴奋期变成了绝望期。

我使用这个黄金牛市的例子是为了说明投资者在任何既定牛市中采取的常见模式。经过几年牛市之后，大多数投资者总是期待未来还会继续获得像牛市中那样的利润，却完全忽视了经济或相关企业的运行情况永远有可能会发生变化。这种态度导致了你能想到的所有以往的市场泡沫，它通常会带来巨大的损失和痛苦的生活后果。

以未来为导向的投资方法与价值投资者的方法相反，因为他们没有考虑安全边际，他们的投资是基于趋势、概念或主题，而且不可能知道有多少积极的预期已经包含在了股票价格当中，因为无法评估它的基本价值。价值投资者不喜欢承担不必要的风险，因此采用自下而上的方式进行投资。

自下而上的投资方法不会考虑将会发生什么，因此更容易应用。没有人知道将来会发生什么事情，但可以观察已经发生了什么事情，以及观察所分析公司所拥有的资产反映出了什么问题，这种方式会使投资风险变得更小。

重点在于基本面分析，仔细分析从市盈率到账面价值等一些最常见的指标，从而对股票的内在价值进行合理的估值。当内在价值稳定地高于股票价格时，投资者就找到了一项便宜投资。

我最喜欢的投资机会是那些所拥有的资产具有足够价值的公司，这使其成为极其安全的投资，而从长期来看，该投资可能会让自上而下的投资者感兴趣。

自下而上的方法能让价值投资者找到那些绝佳的投资，这些投资具有巨大的安全边际、较低负债、较低生产成本和有素质的管理层，它们是低风险、高回报投资的完美范例。

自上而下的投资者会以荒唐的价格抛售那些没有按计划运行的股票，这总是会让我感到惊讶。当一家成长型公司未能达到市场对其高速增长的预期，但仍在以更健康的速度不断增长，通常情况下，价值投资者可以在两个投资世界（成长投资和价值投资）中取得最好的表现。

为了充分发挥价值投资的优势，耐心是关键。价值投资者的一个特征是，他通过使用基本的自下而上的方法逐个分析每只股票，只有当他发现其具有较低风险和安全边际（即“无论怎样，我都不会亏钱”）以及较高的潜在回报时，才会进行投资。

如果没有符合所需标准的股票，价值投资者只需保留现金并等待某个市场崩盘并创造新的投资机会。在市场兴奋期能够心态平和地坐等，并且什么也不做，这可能是投资者最难实现的特征。

当找到便宜的投资时，唯一要做的就是买进和等待。因此，除了不断深入研究资产负债表和年度报告以及不能时刻都进行投资之外，你还必须耐心等待市场承认你所发现的价值。从个人经验来看，我可以告诉你，这个等待期可以持续数年之久。

美国银行（纽约证券交易所股票代码：BAC）从2012年至2017年的股价变化能够很好地说明自下而上的投资方法。2012年，其每股账面价值为20.24美元，但2011年的股票价格甚至低于5美元。投资者对于银行在低利率环境下的收益持悲观态度，在2009年金融危机之后，法律问题和财务状况对大多数人来说仍然是一个令人恐慌的投资环境。然而，自下而上的投资者则关注账面价值、较少的股息和该银行的历史。现在，5年之后，随着银行最终使其收益和股息得到了提高，其股票价格已达到并超过了其账面价值。关键的是，如果一家公司拥有显著的有形价值，那么这些资产很可能在未来的某个时候提供高质量的收益。因此，自下而上的投资方法始终是有效的。

有趣的是，随着美国银行的股票价格高于其账面价值，现在大多数投资者考虑到更高的利率、更低的税收、可能的股息增加、并购以及其他利好因素的影响，开始再次采取自上而下的方式对其进行投资，而无视该股票的账面价值和安全边际。

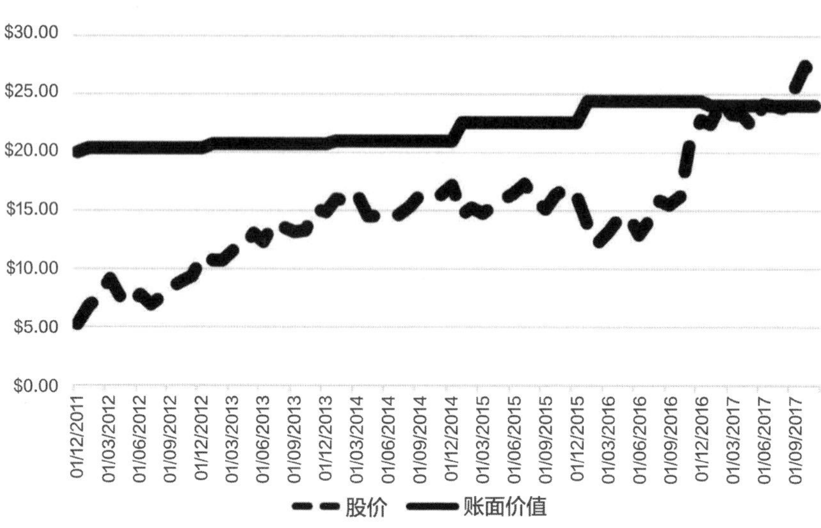

图33　2012年至2017年底美国银行的股票价格和账面价值

资料来源：作者的数据

关键在于，自下而上的方法允许你以最小的风险来利用市场非理性获利。

结论

价值投资在多数情况下都是为了使事情保持简单。价值投资的平均投资生命周期很长，在此期间会发生很多事情。经济环境会发生很多次变化，估值也会发生波动，等等。重要的是不要做愚蠢的事情，如果你有不理解的事情，就不要投资，只需等待下一个你能够理解的机会，使其适合你的风险回报偏好，并且符合你实现财务目标的路径。

在不承担任何风险的情况下实现人生财务目标，就意味着无论经济和金融环境如何，你都应该几乎100%保证你将实现长期投资目标。价值投资是必不可少的工具，你的退休金、你孩子的学费或类似目标，这些都是不能有风险的事情。因此，要保持耐心，不要使事情变得过度复杂并且要独立思考。

第10章
将分析工具应用于戴姆勒

> 知道你拥有什么，并知道你为什么拥有它。
>
> ——彼得·林奇

戴姆勒的价值投资工具应用

为了找到最好的企业/股票，应用第二部分讨论的工具真的可以为你提供最大的价值，我必须寻找那些收入波动较大，从而股价波动也较大，但业务稳定且品牌强大的公司，从长远来看具有这种特征的公司能够创造价值。并非所有工具都适用于所有公司，例如，不可能对刚刚上市且仅有3年财务历史的股票应用周期调整市盈率。但是，这套完整的工具可以应用于所有类型的公司，只是需要尽可能多地应用这些工具，为了提供最佳案例，我必须分析一家复杂的公司。

我发现有一家公司分析起来应该会非常有趣，那就是全球汽车制造商戴姆勒（Daimler）。我将通过分析其2016年度报告来讨论该公司，该年度报告很容易在戴姆勒的投资者关系网页[①]上下载。在下面的分析中，为了投资者能够更容易地查看该案例，我在年度报告分析信息的旁边，已经注上了年度报告中的确切页码。虽然在阅读本部分时没有必要查看其年度报告，但它肯定会提供更好的学习体验。

下面的分析实践的重点是，在你创建了一种分析公司的方法之后，就可以轻松地对不同公司进行比较，并找出当时的最佳投资是哪个。贴现率、公允价值估计、清算价值、未来收益、违约率以及分析此类公司所需的所有其他因素，这些只能通过有根据的推测来确定，关键是始终使用相同的标准进行测算。

戴姆勒的内在价值

工具＃1 利用估值区间来进行投资决策

戴姆勒在这次分析时的价格为77.5欧元，而分析师们的建议价格从55欧元到90欧元不等，他们给出的评级包括：两个卖出评级、一个跑输大盘、14个持有评级、7个跑赢大盘和6个买入评级。与往常一样，分析师的建议价格与实际股票价格相差不大，但这与我们将要估算的一家公司的长期内在价值无关。尽管如此，查看一下戴姆勒的历史股票价格，可以大致了解我们得出的估值将会在哪个范围，由于该股票的历史波动性极大，该股票在未来不大可能达到那种极端波动水平。

尽管如此，分析师的目标价格范围从55欧元到90欧元不等，这表明我们在分析股票时也必须始终使用估值区间，因为估计值无法达到精确。在这个

① https://www.daimler.com/documents/investors/reports/annualreport/daimler/daimler-ir-annualreport-2016.pdf。

案例的最后，我将利用一个表格来总结所有的计算结果，但是现在第一个工具所讨论的重点是以估值区间而不是以精确估值的方式来考虑估值问题。

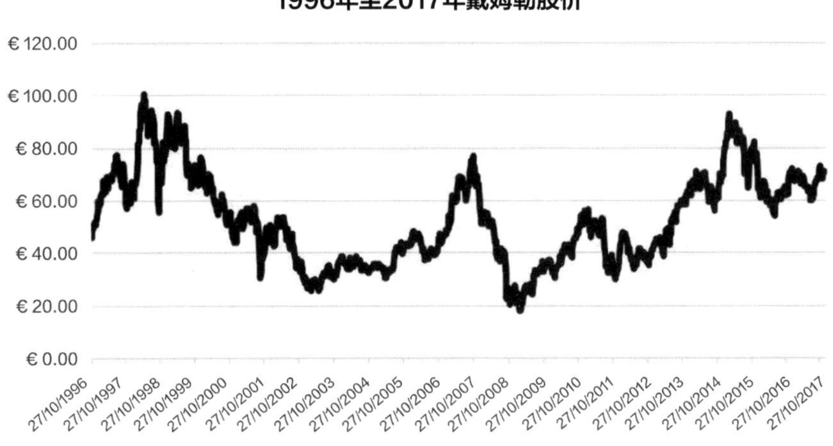

图34　1996年至2017年戴姆勒股价

资料来源：作者的数据

工具#2 净现值计算（NPV）

考虑到之前的工具，戴姆勒将会有大量净现值。下表将根据假设的贴现率和收益增长率来显示多种情况下的净现值计算。

净现值计算中要做的第一件事是估计适当的贴现率，估计贴现率的学术方法是在公司运营所在地的该国无风险利率基础上增加两个百分点。然而，在戴姆勒的销售额中欧洲占40%，中国占25%，美国占14%，世界其他地区占18%。鉴于欧洲存在多种利率（从德国的负利率到土耳其12%的利率），并且由于全球范围内的利率都不相同，因此必须采用平均贴现率，最后，它归结为你对投资的期望回报率。你期望获得的回报率越高，其贴现率就越高，安全边际就越大。考虑到汽车行业的周期性和全球风险，让我们对于未来收益采用10%的贴现率。

在净现值计算中要做的第二件事是估计收益增长率。通过观察从麦肯锡[①]（McKinsey）到马基特[②]（IHS Markit）的一些市场预测，我发现未来10年全球汽车行业的预期增长率将在1.5%至2.6%之间。如果我将位于下限的增长率和10%的贴现率应用于戴姆勒当前8.85欧元的每股收益，我得到的现值为67.24欧元。

表8　以1.5%的增长率和10%的贴现率计算戴姆勒的净现值

年份	2017年	2018年	2019年	2020年	2021年	2022年	2023年	2024年	2025年	2026年	2027年
每股收益（1.5%增长率）	8.85	8.89	9.12	9.25	9.39	9.53	9.68	9.82	9.97	10.12	10.27
贴现后的现值（10%贴现率）	8.85	8.17	7.54	6.95	6.42	5.92	5.46	5.04	4.65	4.29	3.96
现值总和	67.24										
当前股价	77.50										
净现值	-10.26										

资料来源：作者的计算（单位：欧元）

如果我将增长率调整为3%并将贴现率调整为5%，则净现值会变为正数。

表9　以3%的增长率和5%的贴现率计算戴姆勒的净现值

年份	2017年	2018年	2019年	2020年	2021年	2022年	2023年	2024年	2025年	2026年	2027年
每股收益（3%增长率）	8.85	8.89	9.12	9.25	9.39	9.53	9.68	9.82	9.97	10.12	10.27
贴现后的现值（5%贴现率）	8.85	8.68	8.39	8.11	7.84	7.58	7.33	7.08	6.85	6.62	6.40
现值总和	83.73										
当前股价	77.50										
净现值	6.23										

资料来源：作者的计算（单位：欧元）

① 麦肯锡公司（McKinsey）是全球著名的国际咨询机构，总部位于美国。

② 马基特公司（IHS Markit）是全球著名的商业情报、数据收集和分析供应商，总部位于英国。

现在，让我假设在2020年将发生一次全球经济衰退，这将使戴姆勒2019年的收益减少50%，2020年的收益将为负，2021年的收益与2019年相似，并从2022年开始恢复正常。

表10 以1.5%的增长率和5%的贴现率及一次经济衰退计算戴姆勒的净现值

年份	2017年	2018年	2019年	2020年	2021年	2022年	2023年	2024年	2025年	2026年	2027年
每股收益（1.5%增长率）	8.85	8.89	4.50	−4.42	4.75	9.53	9.68	9.82	9.97	10.12	10.27
贴现后的现值（5%贴现率）	8.85	8.17	3.72	−3.32	3.24	5.92	5.46	5.04	4.65	4.29	3.96
现值总和	49.98										
当前股价	77.50										
净现值	−27.52										

资料来源：作者的计算（单位：欧元）

目前的现值低了很多，为50欧元。有趣的是，戴姆勒的股价在2016年确实达到了这个水平，并且在2013年之前始终低于这个水平。这表明耐心的价值投资者迟早会看到股价达到他预期的价格，而且追逐股票没有任何意义，因为经济衰退总是随时可能到来。

如果你允许我更加保守并估计2026年将发生另一次经济衰退，戴姆勒的现值将降到40欧元。

表11 以1.5%的增长率和10%的贴现率及两次经济衰退计算戴姆勒的净现值

年份	2017年	2018年	2019年	2020年	2021年	2022年	2023年	2024年	2025年	2026年	2027年
每股收益（1.5%增长率）	8.85	8.98	4.50	−4.42	4.75	9.53	9.68	9.82	5.00	−5.00	5.00
贴现后的现值（10%贴现率）	8.85	8.17	3.72	−3.32	3.24	5.92	5.46	5.04	2.33	−2.12	1.93
现值总和	39.22										
当前股价	77.50										
净现值	−38.28										

资料来源：作者的计算（单位：欧元）

以上计算的目的在于说明股票估值会大幅波动，并且估值结果取决于分析师输入的变量，然而，好消息是股票价格通常会波动更大。上述计算的净现值应与使用同样方法和假设得到的其他公司的净现值进行比较，估计收益所采用的贴现率和年数取决于你所要求的回报率和风险偏好。

此外，如果你跟踪分析许多只股票，在某个时间点，在保守的净现值计算之下，你所跟踪的股票中肯定会有一只成为便宜股。如果所有跟踪的股票都成了便宜股，那么上述工具将提供出色的比较分析。

如果你希望使用20年的未来收益或10年后的终值，你的净现值计算将会有所不同而且会略高一些，但最终会得出哪只股票具有最大的安全边际。以上计算的目的是说明所有计算结果都是相对的，而且并不能真正地期望达到精确。

工具#3 清算价值

很难想象像戴姆勒这样的公司会被清算，但像前面提到的那样，所有这些工具都是一整套估值工具的一部分，即使像戴姆勒这样的公司被清算的机率很小，其清算价值也会提供有趣的观点，尤其是与其他投资进行对比。计算清算价值时的起点是资产负债表。

我们必须分析每个会计科目并估算其在清算中的价值，查找每个会计科目信息的最佳方式是通过年度报告。许多公司都会提供每个会计科目的详细说明，这是探究资产负债表上数字背后的真相的绝佳方式（第220页）。我们的讨论将从非流动资产开始，然后是流动资产，最后以负债结束。

表12 戴姆勒2016年资产负债表的资产方

戴姆勒资产负债表	单位：百万欧元
资产	2016年12月31日
无形资产	12 098
房产、厂房及设备	26 381
经营性租赁设备	46 942
权益法核算的投资	4 098
金融服务应收账款	42 881
适销证券	1 100
其他金融资产	2 899
递延所得税资产	3 870
其他资产	667
非流动资产合计	140 936
库存资产	25 384
应收账款	10 614
金融服务应收账款	37 626
现金及现金等价物	10 981
适销证券	9 648
其他金融资产	2 837
其他资产	4 962
流动资产合计	102 052
资产合计	242 988

资料来源：戴姆勒2016年度报告第220页

（1）非流动资产

① 无形资产（121亿欧元）

戴姆勒使用的是IFRS（国际财务报告准则）保守的德国会计制度，这个会计制度几乎不包括商誉。根据戴姆勒2016年度报告，我发现了以下内容（第117页）：121亿欧元（2015年：101亿欧元）的无形资产包括88亿欧元的融资开发成本（2015年：78亿欧元）和12亿欧元的商誉（2015年：7亿欧元）。

我们可能会核减商誉以及开发成本，就像计算清算价值时的情况一样，这些成本主要与新车型的开发有关，该公司生产更多汽车的可能性很小。因此，新车型开发成本形式的无形资产的清算价值为零。虽然设计和计划的车型总是有可能被出售，但我们一如既往地坚持保守原则。

② **房产、厂房及设备**（264亿欧元）

戴姆勒的房产、厂房及设备（年报中第245页）科目显示价值为264亿欧元，但是，成本价值为722亿欧元，而折旧为458亿欧元。鉴于房地产的价值经常随着时间的推移而升值但经常被连续折旧，我们可以估计戴姆勒的房产、工厂及设备的价值可能比报告的更多。由于设备的折旧速度快于房产，而戴姆勒每年的新设备投资不到50亿欧元，我们可以假设戴姆勒的房产、厂房及设备科目的最大部分价值在于房产。因此，以保守的估计，我们可以采用265亿欧元作为公允价值。也许公允的清算价值比这个数值更高，但我们应该坚持保守原则。

③ **经营性租赁设备**（470亿欧元）

如果是甩卖，经营性租赁设备（470亿欧元）必须以折扣价出售。经济衰退也可能降低其价值，因为随着对汽车和卡车的需求减少，其转售价值会降低。因此，对该估值采用20%的折扣率是合适的，得到的清算价值为370亿欧元。如果发生像2009年那样的经济危机，那么40%的折扣率也许会更合适。

④ **权益法核算的投资**（40亿欧元）

权益法核算的投资显示了戴姆勒在其他公司的投资股权价值，但在所投资的公司非控股方。2016年度报告第302页的投资说明显示，戴姆勒拥有在香港证券交易所上市的北京汽车股份有限公司10%的股权，该公司市值为84亿欧元，这意味着戴姆勒的股权价值为8.4亿欧元。戴姆勒还有很多没有写入年度报告的类似投资，但在经济衰退的情况下，这种投资在周期性行业中的价值可能只有账面价值的50%。这种风险控股的一个例子是成立于2015年的There Holding B.V.（THBV），戴姆勒、奥迪和宝马各持有该公司33.3%的股份（第237页），每位股东提供的出资额为6.68亿欧元。

尽管有资本贡献和市场价值，我仍然将权益法核算的投资科目至少以50%的折扣率来计算，最后得到的清算价值为20亿欧元。

⑤ **金融服务应收账款**（430亿欧元）

为了对其业务增加资金杠杆并销售更多的汽车，汽车公司自20世纪80年代以来一直直接向客户提供贷款，戴姆勒金融服务公司为戴姆勒所销售全部车辆的近50%提供贷款。如果违约客户的数量较多（通常是经济衰退的情况下），除了可能更高的利率之外，金融服务投资组合的清算价值可能会显著低于其账面价值。即使在2016年这样一个经济状况很好的年份中，应收账款减值仍占应收账款总额的2.4%（第251页）。因此，为保守起见，我将对该会计科目采用25%的折扣率，得到的清算价值为320亿欧元。

⑥ **适销证券**（10亿欧元）

适销证券很容易被清算，可以按市值计算。

⑦ **其他金融资产**（30亿欧元）

其他金融资产包括其他公司较小的股权，与权益法核算的投资一样，对其采用50%的折扣率是合适的。

⑧ **递延所得税资产**（40亿欧元）

递延税项资产仅在取得未来收益时才有价值，在清算的情况下，未来的收益是值得怀疑的，因此对该科目采用的折扣率是100%。

⑨ **其他资产**（6亿欧元）

其他资产主要包括政府的预期税收补偿，可以在不采取折扣的情况下计入清算价值，因为预计政府的应收账款不存在风险。

对非流动资产保守估计的清算价值为1 014亿欧元，这比非流动资产的账面价值低了28%。

表13　戴姆勒非流动资产保守估计的清算价值

戴姆勒资产负债表	单位：百万欧元	单位：百万欧元
资产	2016年12月31日	清算分析
无形资产	12 098	0
房产、厂房及设备	26 381	26 381
经营性租赁设备	46 942	37 544
权益法核算的投资	4 098	2 049
金融服务应收账款	42 881	32 161
适销证券	1 100	1 100
其他金融资产	2 899	1 450
递延所得税资产	3 870	0
其他资产	667	667
非流动资产合计	140 936	101 361

资料来源：2016年报及作者的估值

（2）流动资产

⑩ **库存**（250亿欧元）

鉴于戴姆勒的毛利率为20%，库存的公允价值已经进行过折扣。然而，通常的库存清算价值在50%—75%之间。鉴于戴姆勒250亿欧元的库存代表不到两个月的销售额，180亿欧元已经计算在了成品中（第253页），我们可以预期，在清算的情况下，对成品库存将会有足够需求。因此，我会对戴姆勒的库存采用保守的25%的折扣率，从而得到190亿欧元的估值。也许这样的折扣率过于保守，但错误的安全边际要比没有安全边际更好。

⑪ **应收账款**（106亿欧元）

只有70%的应收账款既未逾期也未减值（第253页），因此，在清算的情况下，鉴于22%的应收账款已经减值，采用50%的折扣率应该是合适的，这使得应收账款的清算价值为53亿欧元。

⑫ **金融服务应收账款**（370亿欧元）

这些等于上面讨论的应收账款，不过是12个月之内到期的应收账款。其风险要小得多，这项资产肯定会被银行抢购一空。15%的折扣率应该足够，最终得到的清算价值为320亿欧元。

⑬ **现金和现金等价物**（110亿欧元）

现金和现金等价物以及适销证券按其账面价值的100%清算。

⑭ **其他金融资产**（28亿欧元）**和其他资产**（50亿欧元）

其他资产主要包括政府的预期税收补偿，可以在不采用折扣的情况下计入清算价值，因为预计对于政府的应收账款没有风险，特别是流动资产，在不到一年的时间内就能收回账款。

流动资产的估计清算价值总额为847亿欧元，占账面价值的83%，所有资产的估计清算价值总额为1 860亿欧元，占账面价值的76%。

表14　戴姆勒的账面价值和保守估计的清算价值

戴姆勒资产负债表	**单位：百万欧元**	**单位：百万欧元**
资产	2016年12月31日	清算分析
无形资产	12 098	0
财产、厂房及设备	26 381	26 381
经营性租赁设备	46 942	37 544
权益法核算的投资	4 098	2 049
金融服务应收账款	42 881	32 161
适销证券	1 100	1 100
其他金融资产	2 899	1 450
递延所得税资产	3 870	0
其他资产	667	667

[续表]

戴姆勒资产负债表	单位：百万欧元	单位：百万欧元
非流动资产合计	140 936	101 361
库存资产	25 384	19 038
应收账款	10 614	5 307
金融服务应收账款	37 626	31 982
现金及现金等价物	10 981	10 981
适销证券	9 648	9 648
其他金融资产	2 837	2 837
其他资产	4 962	4 962
流动资产合计	102 052	84 755
资产合计	242 988	186 116

资料来源：作者的估值

下面让我们来分析一下应该按面值估计的负债部分，尽管这部分可能存在更多问题。

(3) 负债

剩下要比较的是戴姆勒资产的估计清算价值的负债方。

表15　戴姆勒2016年资产负债表的负债方

戴姆勒资产负债表	单位：百万欧元
负债	2016 年 12 月 31 日
备付养老金	9 034
备付所得税	966
备付其他风险	6 632
融资负债	70 398
其他融资负债	3 327
递延所得税负债	3 467
递延收入	5 559
其他负债	15
非流动性负债合计	99 398
应付账款	11 567

[续表]

戴姆勒资产负债表	单位：百万欧元
备付所得税	751
备付其他风险	9 427
融资负债	47 288
其他融资负债	9 542
递延收入	3 444
其他负债	2 438
当前负债合计	84 457
负债合计	183 855

资料来源：戴姆勒，2016年度报告第220页

在清算中，你通常可以按账面价值来估计负债的清算价值，但存在着一些非常重要的投资风险。这些风险与养老金义务以及或有负债有关。

备付养老金科目显示了公司未来养老金承付款项中未备基金的部分。这些备付款是通过比较各自养老基金所拥有的资产的公允价值与预期未来负债的现值得出的，这意味着公司必须使用适当的贴现率来计算其未来养老金负债的现值。正如我们已经在净现值部分中讨论的那样，现值会因贴现率的不同而产生很大差异。因此，如果一家公司预计在未来20年内可以获得8%的退休基金年均回报率，但事实上只能达到4%的回报率，这种差异可能会对其财务状况产生巨大影响。

在戴姆勒的案例中，这种差异情况并不严重，因为它使用的贴现率为2.6%（第261页），从长远来看可能过于保守。因此，我们可以按面值计算戴姆勒的养老金负债。

在分析负债和防止出现任何意外时要考虑的另一个重要事项是或有负债。或有负债是指公司担保另一家公司负债而形成的负债。只要其他公司不太可能无法偿还其自身债务，此项担保（或有负债）就不出现在资产负债表上。

因此，在投资任何公司之前，检查年度报告中的或有负债非常重要。

在戴姆勒的案例中，总担保额达17亿美元，从公司的长远发展来看这一数字并不是那么巨大（第113页）。

我们终于到了得出戴姆勒的清算价值的时刻，其资产的估计清算价值为1 860亿欧元，而负债的公允价值为1 830亿欧元。这意味着，在清算的情况下，戴姆勒的股东将几乎没有任何资产或者每股约3欧元。这本身并不是一件坏事，因为它也表明戴姆勒并没有为了保留而保留太多资本，它以派发大量股息的形式向股东返还更多资本，并试图通过以此来尽可能保持高效。

即使戴姆勒的清算价值很小，我仍发现它是一家分析起来很有趣的公司。在当前的金融环境中，很少有公司会具有较高的清算价值。然而，比较分析可能是投资决策的转折点。如果清算价值为3欧元或30欧元，则它们的风险差异会很大。

工具#4 股票市场价值

了解一下公司所处行业的当前情况总是一件有意义的事，因为可能会发现更好的投资，或者整个行业可能处于相同的情况，这使得行业因素要比影响个别公司的因素更重要。在下面的表格中，我将戴姆勒与全球五大汽车生产商进行了比较。

表16 全球主要汽车制造商比较

公司	丰田	通用	大众	现代	福特	戴姆勒
市销率①	0.8	0.35	0.44	0.4	0.34	0.49
市净率	1.22	1.48	0.84	0.58	1.58	1.27
市盈率	11	9	12	6	12	8
净利润率	6.77%	1.89%	3.04%	4.46%	2.86%	5.86%
股息率	1.53%	3.71%	1.12%	2.91%	4.80%	4.60%
权益负债率②	0.58	1.59	0.74	0.72	2.95	0.97

资料来源：年度报告

戴姆勒拥有一个平均水平的市销率和市净率，市盈率略低，而净利润率则是第二高。股息率也是第二高，而权益负债率却没有显示出太高的风险。从更广泛的角度来看，实际上并没有哪项指标能够将戴姆勒与其他产品区分开来。一款很酷的车型设计可能会在一段时间内刺激销售增长并改善财务状况，但这很可能反映在较低的估值上，因为市场预期其销量将会回归均值。

当这种比较分析真的表明一家公司被严重低估并且其背后没有真正的理由时，那么你就可能发现了一只便宜股。

工具#5 评估私人所有者（收购）价值

由于大多数收购都发生在公司陷入困境时，所以很难在汽车行业找到合理的收购价格。想一想菲亚特挽救克莱斯勒的情况，还有福特将捷豹和路虎出售给印度塔塔③，其成交价格比福特当初对这两大品牌的收购价格低了10亿美元，这是因为这些品牌没有盈利能力，类似的情况还有中国吉利在2009年

① 市销率（Price to sales）通过总市值除以主营业务收入或者股价除以每股销售额来计算。市销率越低，说明该公司股票目前的投资价值越大。

② 权益负债率（Debt to equity）通过负债总额除以权益总额来计算，它是衡量公司偿债能力及分析资本结构的一项指标。

③ 塔塔汽车公司（TataMotors）是印度最大的综合性汽车公司、商用车生产商，成立于1945年，全球商用汽车制造商中排名前十，年营业额高达20亿美元。

收购沃尔沃。

然而，当大众汽车在2012年收购保时捷剩余50%的股份时，该公司是一家拥有稳定利润的盈利公司。保时捷2011年的收入为110亿欧元，净利润为14亿欧元（信息来源：保时捷2011年度报告）。该公司50%的收购价格为44.6亿欧元，公司总市值为89.2亿欧元，市销率为0.81，市盈率仅为6.36。这可能看起来很低，但这些是周期性汽车行业的估值，因为长期投资风险很高。

通过将同样的市销率应用于戴姆勒，得出的市值将达到1 240亿欧元，而利用2016年的市盈率来计算，得出的市值仅为550亿欧元。与以往一样，在评估公司时，最好使用价值范围。在我写作本文时，其市值为780亿欧元，高于私人所有者净收入指标。我们可以预见，在市值低于500亿欧元的情况下，将会产生收购利益，这将提供一个安全边际。

然而，通过结合工具＃4和工具＃5，我们可以看到行业收益估值高于大众汽车为保时捷支付的收购价格，而销售估值则低于收购价格，除了丰田之外。

工具＃6 衡量内在价值

衡量内在价值的最佳方式是使用三个组成部分的方法：过去价值、收益价值和投资资本回报率。

（1）账面价值

衡量过去价值创造的最佳指标是股票的账面价值，它是通过将股东权益除以已发行股票数量得出的。检查过去支付的股息或股票回购，确保企业将资本返还给了股东，这也是一件有益的事情。2016年报的第107页告诉我们，戴姆勒拥有10.698亿股流通股，第220页显示，戴姆勒股东应占权益总额为579亿欧元。通过将权益除以股票数量，我们得到的账面价值为54.12欧元。这与清算价值不相同，因为它显示的是戴姆勒的会计价值。私人所有者的价值可能更高，因为很大一部分价值可能源自品牌价值。

（2）收益和预期的未来回报

在这里，我们将结合工具＃7投资资本回报率（ROIC）、工具＃8增长是价值的关键组成部分以及工具＃9周期调整市盈率（CAPE），来得到戴姆勒的内在价值。内在价值是所有未来收益的现值，因此，我们必须估计未来收益，这三个工具是进行这种估计的核心方法。周期调整市盈率显示过去的平均收益，而投资资本回报率显示未来的企业预期增长，而一般增长率弥补了周期调整市盈率和投资资本回报率的不足。

让我们首先关注周期性调整后的收益。下表显示了戴姆勒过去10年的收益。10年期的收益至关重要，因为它们表明了在未来经济衰退时的收益情况以及我们在整个经济周期中的预期收益。

表17 戴姆勒的10年收益和平均值

戴姆勒过去的每股收益平均值=5.07欧元										
2007年	2008年	2009年	2010年	2011年	2012年	2013年	2014年	2015年	2016年	2017年
3.81欧元	1.40欧元	2.63欧元	4.28欧元	5.31欧元	6.02欧元	6.40欧元	6.51欧元	7.87欧元	7.97欧元	8.85欧元

资料来源：晨星公司

由于价值投资者总是坚持保守原则，我也会调整上述收益，因为这段时期的特点是利率处于历史性的较低水平，从而强力支持了汽车销售。如果利率提高，购买汽车将不会那么容易。此外，戴姆勒如果以当前的负利率偿还部分债务，这肯定会扭曲收益。

尽管如此，平均收益为5.07欧元。鉴于我们预计未来10年可能会出现一次甚至两次经济衰退，我将使用过去10年的平均收益作为估算未来收益的基础。如果我们使用预期全球汽车行业增长率的较低水平1.5%来估算戴姆勒未来10

年的收益，我们将得到下表。

表18　戴姆勒基于过去平均收益和保守增长率计算的预期未来收益

戴姆勒未来每股收益-基期=5.07欧元										
2017年	2018年	2019年	2020年	2021年	2022年	2023年	2024年	2025年	2026年	2027年
5.07	5.15	5.22	5.3	5.38	5.46	5.54	5.63	5.71	5.80	5.88
2028	2029	2030	2031	2032	2033	2034	2035	2036	2037	2038
5.97	6.06	6.15	6.25	6.34	6.43	6.53	6.63	6.73	6.83	6.93

资料来源：作者的计算

除了收益、周期调整市盈率和未来收益的估算之外，我们仍然需要通过其投资资本回报率来估算戴姆勒的价值。我们放在下面介绍。

工具#7　投资资本回报率（ROIC）

由于戴姆勒目前可以以负利率借款并以极低的利率向客户提供贷款，因此其投资资本回报率极低，但与我们所估计的1.5%的增长率保持一致。

表19　戴姆勒投资资本回报率的计算

戴姆勒	2017年
10年平均净收入	5 004
短期负债	56 830
长期负债	99 398
股东权益	59 133
投资资本回报率	2.32%

资料来源：作者的计算（单位：百万欧元）

使用2016年的收益而不是历史平均值则会使投资资本回报率增加到3.96%，但这样就不如之前那么保守，因此，我们可以预期戴姆勒未来将使其资本以2.3%复合增长。鉴于总资本（权益、长期和短期负债）为2 150亿欧元，我们预计每年的利润约为50亿欧元（2 150亿欧元的2.3%），因此收益增长率约为2.3%，这与上述情景中根据估计的汽车行业增长率来计算的平均收益非常一致。

当前的内在价值取决于贴现率，或者更简单来说是取决于未来预期收益的估值。在我写作本文时，戴姆勒当前的市盈率为7.88，而周期调整市盈率为14.02。这里内在价值成为了一个完全个人化的问题，如果你希望年均投资回报率为10%，那么你将需要10倍的市盈率估值。20%的回报率需要5倍的市盈率估值，5%的回报率需要20倍的市盈率估值。让我们以10倍市盈率（转化成贴现率即为10%）来计算我们的内在价值。

表20 以10%的收益率计算戴姆勒当前和未来的内在价值并假设100%的收益派发股息

戴姆勒以10倍市盈率计算的内在价值											
年份	2017年	2018年	2019年	2020年	2021年	2022年	2023年	2024年	2025年	2026年	2027年
收益	5.07	5.15	5.22	5.30	5.38	5.46	5.54	5.63	5.71	5.80	5.88
股价	50.70	51.46	52.23	53.02	53.81	54.62	55.44	56.27	57.11	57.97	58.84
年份	2028年	2029年	2030年	2031年	2032年	2033年	2034年	2035年	2036年	2037年	2038年
收益	5.97	6.06	6.15	6.25	6.34	6.43	6.53	6.63	6.73	6.83	6.93
股价	59.72	60.62	61.53	62.45	63.39	64.34	65.30	66.28	67.28	68.29	69.31

资料来源：作者的计算（单位：欧元）

同样，可以通过对未来收益的现值求和来计算内在价值。

表21 戴姆勒采用10%贴现率计算的内在价值

根据10%的贴现率和20年期限计算的戴姆勒内在价值											
年份	2017年	2018年	2019年	2020年	2021年	2022年	2023年	2024年	2025年	2026年	2027年
收益	5.07	5.15	5.22	5.30	5.38	5.46	5.54	5.63	5.71	5.80	5.88
当前价值	5.07	4.86	4.32	3.98	3.68	3.39	3.13	2.89	2.66	2.46	2.27
年份	2028年	2029年	2030年	2031年	2032年	2033年	2034年	2035年	2036年	2037年	2038年
收益	5.97	6.06	6.15	6.25	6.34	6.43	6.53	6.63	6.73	6.83	6.93
当前价值	2.09	1.93	1.78	1.64	1.52	1.40	1.29	1.19	1.10	1.02	0.94
内在价值总和		=			54.43						

资料来源：作者的计算（单位：欧元）

因此，我们的内在价值计算结果非常准确，账面价值为54.12欧元，估值为50.7欧元，内在价值为54.43欧元。得出股票的内在价值只是游戏的一部分，另一部分是以安全边际买进股票。

在具有安全边际时进行投资

投资的关键不仅在于计算内在价值，而且在于尽量以安全边际买进，这样即使我们的内在价值计算错误，我们也不会亏钱或至少能够限制亏损幅度。以下工具将有助于确定安全边际。

工具#10 每股现金流/每股净现金流

当股票市场崩盘时，就像2002年或2009年的情况那样，每股现金流就会成为一个非常有用的工具。当市场表现良好时，几乎不可能找到股票价格低于每股净现金流的公司。然而，检查每股现金流能够显示该公司提供多少稳定性和实际创造多少现金。正如芒格和巴菲特所说："你会希望投资那些现金充裕的公司。"让我们看看戴姆勒拥有多少现金。

2016年的资产负债表显示，戴姆勒的现金和现金等价物为108亿欧元（第220页）。如果将这个数字除以已发行股票数量，我们查到的已发行股票数量为10.7亿股（第107页），我们得到的每股现金流为10.1欧元，这比股票价格高出了13%，这可能导致一些有趣的结论。这部分现金可用于收购和投资，也可以分配给股东。

利用现金可以做的另一件事情是增持戴姆勒拥有的短期证券，因为这些证券可以迅速转换为现金，该会计科目显示为96亿欧元或每股8.98欧元。通过将两者相加，我们得到的每股现金流为19.1欧元或者比股票价格高出26%，这个高出的比例非常明显。问题是这些现金将被如何使用？只要用在有益的地方就可以了，更多的现金可以为股票带来更大的安全边际，因为管理层可能增加股息，而且减少股息的风险也会降低。

工具#11 股息可持续性

为了检查股息的可持续性，我们必须首先了解当前每股现金流是多少，以及每年创造的现金流是多少。在戴姆勒的案例中，2016年每股现金流为10.1欧元，如上述计算所示。

戴姆勒2016年的净收入为84亿欧元，而每股3.25欧元的股息需要向股东支付34.7亿欧元。从2016年的角度来看，股息似乎是可持续的，因为拥有的每股现金足够发放将近3年的股息，而股息支付率仅为34%。

然而，还要考虑长期股息可持续性，如果发生经济衰退，必须观察会对该公司的现金流产生什么影响。由于戴姆勒的股息仅占收入的2.3%，任何类型的收入冲击，即使规模很小，也会使股息处于危险之中，例如，戴姆勒在2012年之前甚至都没有支付股息。因此，在短期内，股息看起来是可持续的，但第一次冲击可能会令人质疑，这可能会导致市场价格大幅下跌，从而为耐心的价值投资者创造机会。

工具#12 确定企业护城河

戴姆勒在这方面很容易确定：没有护城河。答案是肯定的，虽然戴姆勒在豪华汽车行业占有大部分市场份额并且拥有一个强势品牌，但任何公司都可以与之竞争，我们已经看到特斯拉如何进入豪华汽车市场并扰乱电动车商业环境，这迫使戴姆勒加快其电气计划并投入大量资金。

工具#13 使用1998年之前的伟大投资者未曾使用过的工具——谷歌

我只是在谷歌上输入了“戴姆勒欺诈”，就发现了一些非常有趣的信息，例如最近的一篇题为《戴姆勒陷入柴油汽车欺诈指控诉讼》的文章以及刊登在《每日电讯报》上的一篇题为《戴姆勒召回数百万辆有害排放柴油汽车》的文章，仅在谷歌搜索的第一页上显示的这两条信息就可以帮助你避免犯很多投资错误。我们可以说戴姆勒也有可能像2015年的大众汽车那样面临柴油汽车问题的风险，或者有可能发生其他代价高昂的召回事件。这些信息有助于把这类事件纳入企业前景分析之中，代价高昂的潜在丑闻可能会降低戴姆勒的安全边际。

工具#14 分析管理层/素质/诚信

分析管理层的一个好方法是查阅以往的年度报告，或者查阅以往的投资者报告，这些报告可以在该公司的投资者关系网站上找到。例如，我发现了一个2013年的演示文稿，简要解释了戴姆勒到2020年的目标①。管理层的目标之一是达到10%的销售战略回报。2017年，随着全球经济的飙升和欧洲公司的负利率，其销售回报率仍为6.5%，这表明对于管理层的目标应该持怀疑态度。

工具#15 潜在激进投资者的介入可被视为安全边际

一些激进投资者可能会被戴姆勒的现金储备和当前的低估值所吸引，但鉴于77%的公司股权都归一些机构所有，其中34%是德国机构并且可能与国内政治密切相关，因此任何人都很难加入戴姆勒的董事会，这就是为什么我们很少看到有关激进投资者和戴姆勒之间的新闻。

工具#16 重点关注你所支付的价格

为了解释具有安全边际的投资以及你所支付的股票价格的重要性，其最佳方式是将表11中的内在价值与可能的未来股价进行对比。我将戴姆勒过去20年的股价波动复制到了当前的股价走势图中，用来显示未来的股价走势，并将其与我们计算的内在价值进行比较。

安全边际投资的关键在于当一家公司的股价相对于内在价值具有明显的

① https://www.daimler.com/dokumente/investoren/praesentationen/daimler-irautomotivecreditconference-20130516.pdf。

安全边际时进行投资。如果戴姆勒的股票价格复制其以往的运行轨迹，价值投资者将有机会在2024年以20%的折扣价格买进股票，在2031年以35%的折扣价格买进股票，并在2033年以内在价值的20%的折扣价格买进股票。

戴姆勒可能的未来股价走势和内在价值

图35 戴姆勒可能的未来股价走势和内在价值

资料来源：作者的估计

通过仅在价格折扣达到一定程度时进行投资，你不仅可以限制风险，还可以提高回报，关键是要有耐心并且要跟踪大量的股票。由于国家、行业及个股的不同，不同股票在价格波动上存在着很大差异，你跟踪的股票越多，你投资时所要求的折扣就会越高，与内在价值相关的安全边际越大，随着时间的推移找到具有安全边际的便宜股的机会就越大。

行业分析

到这里，我们已经计算了内在价值，讨论了安全边际，但我们的分析还没有结束，同样重要的还包括分析可能影响公司价值的外部因素。

工具＃17和工具＃18 分析行业的周期性、自然经济周期的影响

由于汽车行业周期与自然经济周期性密切相关，我将结合工具＃17和＃18进行讨论。一家公司的周期性非常重要，因为无论喜欢与否，大多数投资者和分析师在分析公司时都倾向于将当前环境复制到未来。这意味着在经济扩张期间，那些通常具有强劲收益的公司，如戴姆勒，在经济衰退期间可能被定义为很差的投资，因为分析师们通常都会考虑暂时亏损并在模型中复制这些亏损。2009年金融危机期间，戴姆勒的股价跌到了20欧元以下，因为分析师们关注的是2009年净亏损26亿欧元，而不是关注该公司的长期实力。

经济衰退始终会到来，因为经济规律就是如此，因此必须要考虑到在这种情境下市场将如何看待所分析的公司。也许你将有机会以相对内在价值的超级折扣价格来买进股票，当你对估值、股票价格和内在价值以10年为周期进行前景分析时，金融市场的波动性会大到令你难以置信。就戴姆勒而言，在市场崩盘时其股票总是存在着至少下跌50%的可能，这是值得牢记在心的。

戴姆勒是一个价值陷阱吗

工具＃19 寻找未来催化剂

如果我们假设戴姆勒有价值，那么能够释放这个价值的催化剂是什么呢？从市盈率的角度来看，该公司目前被严重低估，其股息是市场平均水平的两倍（戴姆勒市盈率=8，股息=4%，标准普尔500指数市盈率=26，股息=1.8%）。

戴姆勒的问题是，大多数人预计在未来几年内将出现衰退，这将严重影响戴姆勒的收益和股息。电动汽车催化剂并不是真正的催化剂，因为戴姆勒将需要巨额资本支出来开发新车型，还要建造基础设施来进行制造，然后在

竞争激烈的市场环境中销售它们。

可以释放戴姆勒部分价值的一个催化剂是美国较低的企业利润税，该公司预计较低的税收将使其增加18亿欧元的净收入[①]，这可能转化为更高的股息并推高股价。

在研究催化剂时，重要的是找到那些风险有限而回报无限的投资。从这方面来考虑戴姆勒的话，正在逼近的经济衰退的确让人对其风险/回报情况产生担忧。

工具#20 避免长期衰退的行业

不过幸运的是，汽车行业预计将在未来继续增长，因为新兴市场的需求会随着经济增长而持续提高。然而，即使共享经济在目前不太可能迅猛发展，如果共享经济在未来达到较高水平的话，那么对车辆的需求可能会放缓。

工具#21 关注重要的内部交易活动

德国网站finanzen.net显示戴姆勒没有重要的内部交易活动。此外，戴姆勒集团还有未履行的绩效虚拟股票[②]计划（PPSP）（2016年度报告第255页），其中管理层将以现金而非股份得到补偿。现金补偿表明，戴姆勒既没有重大的内部交易，也没有持有戴姆勒股份，另外一方面，管理层养老金的负债数额巨大，这可能引出一个问题，那就是管理层是否被激励在中短期内尽可能推高股价，或者管理层是否真正专注于创造长期股东价值？有时短期和长期利益会得到兼顾，但有时它们确实存在分歧。

---

① 戴姆勒2017年12月22日，投资者关系新闻临时公告。

② 虚拟股票（Phantom Stocks）是指企业授予激励对象一种虚拟的股票，激励对象可以据此享受一定数量的分红权和股价升值收益，但没有所有权，没有表决权，不能转让和出售，在离开企业时自动失效。

工具#22 检查股息的可持续性

股息的可持续性主要取决于是否会出现经济衰退，然而，由于新的经济衰退总是会出现，那些希望投资于周期性股票的人，他们可能真的希望出现经济衰退，因为在熊市和经济衰退期间股价明显低于内在价值。在最近的两次经济衰退中，戴姆勒在熊市中的股价下跌超过了70%，因此我们可以期待未来会发生相似的情况。

工具#23 确定市场情绪

在当前市场环境中（2017年底），市场情绪极为积极。

戴姆勒2013年至2017年底的股价

图36 戴姆勒2013年至2017年底的股价

资料来源：作者的数据

然而，从上图中可以看出，市场情绪发生过巨大波动。2013年4月，戴姆勒的股票价格为39欧元，2014年4月大涨到71欧元，2014年10月下跌到56欧元，2015年3月上涨到93欧元。随后在2016年6月下跌45%，随后又上涨了40%，然后再下降20%并反弹。鉴于戴姆勒股票价格对市场情绪的敏感性，你不妨等待股票价格显著低于其内在价值并具有较大安全边际时买进。

工具#24 检查资产负债表上的资产质量

在计算清算价值时，我们已经分析了戴姆勒资产负债表的资产方，但从行业角度来看，还需要进行另一项检查。鉴于高折旧，我们可以说戴姆勒的资产不会产生任何意外。由于养老金负债采用的贴现率极低，所以负债也是公允的。

结果总结

所有这一切都是为了清楚地了解企业价值是多少以及何时以低风险进行投资。下表总结了上述所有估值结果。

表22 应用工具汇总

工具	价值	工具	说明
分析师估值范围	55 - 90	周期性	强
现值	49 - 83	催化剂	税费
清算价值	3	行业	增长
个人所有者价值	50 - 120	内部交易	无
内在价值	50 - 54	股息	周期性
每股现金流	10 - 19.1	满意度	强烈（坏的）
管理层信托	50%	企业护城河	无
潜在未来价格	38 - 50	谷歌搜索	高风险
结论：等待经济衰退以及 20% - 40% 的安全边际			

资料来源：作者的数据（单位：欧元）

对于非常保守的投资者而言，戴姆勒的公允价值约为50欧元，预期长期收益率为10%。每股现金流可以再为公允价增加10欧元，使公允价值达到60欧元。然而，考虑到周期性、股息风险、情绪风险、没有企业护城河以及无处不在的丑闻风险，投资者应该等待出现内在价值的明显折扣。因此，40欧元的戴姆勒将成为价值投资者的一项有趣投资，它能提供一个较低的安全边际，并可能带来两位数的回报率。然而，这并不意味着只要戴姆勒达到40欧元就会自动成为买入目标，因为内在价值会有20%的折扣。如果发生这种情况，必须再次将该股票与其他市场机会进行比较。必须选择那些具有最低风险、最大折扣和最可能出现催化剂的机会，这样才能获得可能产生高额回报的长期价值投资机会。

第三部分

BEYOND VALUE INVESTING

超越价值投资

第11章 投资组合实践

成功管理投资组合的挑战不仅仅是做出一系列良好的个人投资决策。

——赛斯·卡拉曼

到目前为止，我们已经在第一部分中讲过了成为价值投资者的逻辑和必要心态，在第二部分中讲过了一些主要的分析工具。在第二部分的最后，我们将这些工具应用在了对戴姆勒的分析之中，而第三部分可能会给你一个惊喜。第三部分强调的是，现代聪明的投资者不仅要考虑价值投资，还必须要考虑许多价值投资之外的事情。如果我们想要在当前环境下实现我们的财务目标，还有许多其他概念有助于降低我们的投资风险并提高投资回报，这些概念不是价值投资的真正核心工具，而是经常被世界上最著名的价值投资者（从巴菲特到卡拉曼）使用的一些工具，这部分包括价值投资者应该如何进行交易、投资组合再平衡、应该何时卖出股票、现金流量管理、多元化投资、全天候式投资组合、黄金投资，并以我个人的投资故事作为结尾，我希望你会得到一些启发。本章的重点是降低风险，同时增加潜在回报。你将在本章中多次看到关于这个主题的讨论。

投资组合管理与交易——价值投资方式

如果投资者依靠其他人的决策驱动投资组合选择，他就没能承担起最基本的信托责任——设计投资组合以实现特定目标。

——戴维·斯文森（David Svensen）

我们每个人都有不同的投资目标和投资视野，除此之外，我们的风险偏好也不相同，而且用于投资分析的金融工具也各不相同，等等。因此，除了寻找适当的价值投资外，重要的是通过引入一些与价值投资相悖的例子来强调适当的投资组合管理的重要性，那就是交易。

管理投资组合时不可能不偶尔进行交易，投资一直都在变化，基本面可能会发生变化，股价可能会上涨，或者利率也可能会发生变化，这使得投资成了一个持续的过程，因为投资者必须在适当的多元化、对冲决策、管理投资组合现金流以及流动性之间取得平衡。甚至沃伦·巴菲特也在持续进行交易并且不断调整自己的投资组合，以便能够找到获得最佳风险回报的头寸。

期待从股票价格变动中获利并不是价值投资者的交易目标。对于价值投资者而言，交易意味着拥有适当的流动性，通过适当的多元化来管理投资组合风险，并根据投资组合的构成和行业风险进行再平衡。

投资组合流动性有多重要

非流动性投资应该需要适当的补偿金，非流动性投资是指平仓需要大量成本的投资。当我们对一项投资的看法发生变化时，流动性资产使我们能够改变主意并立即将其卖出。购买非流动资产并不能提供立即卖出的机会，因此，预期的非流动周期越长，对非流动性投资的补偿金额就应该越高，因为时间越长，投资就越可能出现更多的问题，即风险越大。例如，风险资本投资者会遇到流动性不足的时期，并且该风险投资的结果也不确定。

除了要考虑投资组合流动性之外，考虑一般市场的流动性也非常重要。当市场稳定时，卖出或买入通常不是问题。然而，当市场恐慌时，随着卖方急于卖出，同时买方希望等待价格变得更低，牛市期间出现的流动性很快就会消失。为了避免陷入非流动性投资，重要的是要了解你的流动性极限并相应地进行投资。

有几种方法可以解决投资组合的流动性问题，不断向一个投资组合添加新资金肯定会有助于解决流动性问题，因为它使投资者能够继续持有某些仍会上涨的非流动性投资，并且不会错过新的投资机会，从而降低了机会成本。此外，长期投资者当然可以在没有太大压力的情况下坚持非流动性投资，但他们肯定需要该非流动性资产产生高额回报。

降低投资组合风险

投资不仅仅局限于寻找良好的投资标的，同样重要的还有投资组合多元化、适当的对冲[①]和投资组合现金流管理，每项投资都有自己的风险程度。然而，投资组合管理的目标是降低投资组合的总体风险，即使个别投资的风险较高。

① 对冲（hedge）是指为了减低另一项投资的风险而进行的投资，它是一种在减低风险的同时仍然能在投资中获利的手法。一般对冲是同时进行两笔行情相关、方向相反、数量相当、盈亏相抵的交易。

适当的多元化

适当的多元化当然有助于降低投资者的投资组合风险，但没有必要持有很大数量的股票，因为10-15种不同类型的持股通常足够满足适当多样化的需要。

大多数价值投资者（比如巴菲特和卡拉曼）都反对过度多元化和指数基金，因为他们认为，对一些股票有很多了解相比对很多股票有一点了解来说，前者的风险要远低于后者。巴菲特的著名表述是，在同样的风险水平之下，投资者的一个绝佳投资想法所产生的投资回报可能远高于他的100个普通投资想法。

通过持有一些不相关并且具有升值潜力的资产，可以进一步提高投资组合多样化，这些资产在目前可能只是表现一般，但在经济环境转好时会获得巨大利润。在后面讲到全天候式投资组合以及黄金投资时，对这方面内容将有更详细的介绍。

交易的重要性

对于价值投资者来说最重要的就是价格。正如我们所知道的，市场是非理性的，有时要支付更高的价格才能买到一只股票，而有时又有机会以非常便宜的价格买入一只股票，价值投资者必须进行交易才能利用这些机会获利。

最好的方法是建立一张简单明了的表格，列出所持有的股票和需要跟踪的股票，逐季度对该表格进行调整。有些股票虽然基本面保持不变，但股价经过大幅上涨，变成了风险较高的股票，这时价值投资者可以降低这些股票的仓位，而对于其他一些更便宜的股票，他还可以增加仓位或建立新的仓位。为了仔细评估当前市场状况，价值投资者必须时刻关注市场并且跟踪分析市场变化。

由于交易与许多长期投资者的建议正好相反，因此时刻关注市场与价值投资理念相矛盾。然而，跟踪分析市场变化并不意味着每次上涨都要进行交易，时刻关注市场意味着利用市场非理性所带来的机会。

由于我们永远不知道股市将如何发展，所以，永远不要立即满仓一只股票，这种做法是明智的。一次买进全部仓位可能会使你在面对股票继续下跌时无计可施，从而失去了再次买进的机会。以小仓位分批买入可以使投资者在市场下跌时能够向下平摊买入成本。随着股价恢复上涨，你可以将你在一段时间内收集的筹码以更高的价位卖出，以便控制投资组合的风险并预定少量利润。从长期来看，这些在安全边际附近的小额交易利润经过复合增长将达到惊人的投资回报。

向下平摊成本这与大多数交易者的建议相反，他们会告诉你快速卖出亏损股并坚决持有盈利股。但是，当股票的基本价值分析显示它是一项极佳的投资时，真正的价值投资者非常乐意在股价下跌时买进更多股票。如果你不愿意买进更多股票，那么你就是一直在进行投机，并且可能根本不应该持有该股票，投资组合的管理与交易还会引出何时卖出股票的问题。

何时卖出股票

我通过快速卖出赚到了钱。

——伯纳德·巴鲁克

买入很容易，当股票以其内在价值的大幅折扣价格交易时，由于存在安全边际，你不会买错。另一方面，卖出是一个完全不同的故事，也是投资中最困难的事情之一。

随着股票价格上涨，安全边际减少，风险增加同时潜在回报减少。但是，你永远无法知道该股票是否会继续上涨，一个可以遵循的好的原则就是所有投资都是为了以合适的价格卖出。

在某个具体时间点的卖出决定也会受到市场中其他股票的影响。如果你发现了一只极佳的便宜股，那么卖出一只尚未被市场完全识别出价值的股票，来更换一只更好的便宜股，这种做法是明智的。如果没有很多便宜股可供选择并且所持有的股票仍然低于其实际价值，那么卖出就没有意义。

知道何时卖出可以让你在正确的时候锁定收益，在错误的时候限制你的亏损，最重要的是，当股票有可能上涨一倍或更多时，避免在收益很小时卖出。

金融市场在不断变化，利率发生变化时，可能对一家公司的收益突然产生正面或负面的影响，一个行业可能由于竞争太激烈而面临问题，或者一个国家可能陷入经济衰退。除此之外，还有很多其他因素需要考虑，要想讲清所有卖出股票的原因，这可能需要专门写一本书才能讲完。不过，我将总结一个关于何时卖出股票的最佳策略，希望能为你提供一些新的工具，并帮助你降低投资风险和增加回报。

始终牢记当初你买入股票的理由

知道何时卖出股票的最简单方法是记住当初你为什么买入一只股票，然后继续将基本面发展状态与股票价格变化进行比较。

例如，假设你在2010年买入了伯克希尔哈撒韦（纽约证券交易所股票代码：BRK.A，BRK.B），买入理由是，它的市净率为1.35，你认为这是一项安全的投资，因为我们都知道巴菲特会在市净率达到1.2时立即开始回购股票。因此，你认为无论如何，当市净率达到1.5时，你会卖出该股票。

图37　2010年至2016年伯克希尔哈撒韦的价格和市净率

资料来源：作者的数据

2014年，伯克希尔哈撒韦的市净率达到了1.5，因此，你会在这时卖出，却在2015年再买回来，因为2015年的市净率再次处于你可接受的范围之内。到2016年底，由于该股票再次被高估，你将再次卖出。

确定何时卖出股票的最简单方法是比较基本面相对于股票价格的变化情况，可以使用各种基本面指标，包括收入增长率、股息收益率、市盈率以及与你买入股票的类型无关的其他指标。然而，这是一种加强纪律和限制风险的卖出策略。

投资者很容易对股票过度兴奋，不能在合适的时机卖出股票，并且失去所有收益甚至产生亏损，但在进行价值投资和风险管理时，不应该受到兴奋情绪的影响，因此，纪律是关键。

除了基本面之外，卖出股票还有其他一些原因。例如，有一些催化剂应该会在未来几个月内对股票产生积极的影响，比如推出新产品。如果该产品不符合你或市场的预期，那么接受亏损并卖出该股票是可行的，因为情况已经发生了变化，从而使得内在价值变得更低了。

不断调整投资组合

如果你拥有一个全天候式投资组合，那么卖出或买入股票的最重要原因是需要对其进行不断调整。例如，由于黄金价格上涨，你的投资组合中黄金资产的风险比例上升。在这种情况下，为了使你的投资组合风险权重保持平衡，降低你在黄金资产中的风险是至关重要的。而且，鉴于黄金资产的波动性，你需要经常平衡调整投资组合。

调整投资组合的另一个原因是你在一只股票中存在太多风险。如果你通常在投资组合中持有10只股票并使其风险保持平衡，那么每只股票的权重应该在5%–15%。如果一只股票使你的投资组合10%的资金翻倍，那么它将使你投资组合的18%的资金产生更大的风险。鉴于这一股票的风险比例很高，因此明智的做法是降低该股票的仓位，因为任何事情都可能发生，特别是当投资组合的大部分都集中在一只股票时，我们不能只看到该股票股价上涨，而忽视其基本面已经发生改变。

还有其他更好的股票

本文中解释的前两个策略非常简单，但第三个策略已经有点复杂了。股票价格一直在上涨和下跌，只是因为这个或那个股票可能看起来好一点，就不断交易你的投资组合，这样会导致较高的交易成本，从而耗尽你的所有回报。

然而，为了解决这一问题，著名投资者约翰·邓普顿为我们提供了一个最佳策略，只有当另一只股票比当前持股要好于50%以上时，他才会替换其投资组合中的这只股票。

例如，如果有两只股票，你认为它们的真实价值是100美元，而第一只股票价格是50美元，第二只股票价格是40美元。后者比前者便宜了10美元，通过这个价差我们可以看出第二只股票的价格便宜了25%。但是，如果第二只股票的价格跌到30美元，则价差为20美元，现在比第一只股票便宜了66%，因此卖出较贵的第一只股票并买入较便宜的第二只股票，这样做是有利的。

像邓普顿这样的简单交易规则有助于保持冷静的头脑和遵守铁的纪律，这是成为成功投资者所必需的条件。

使用止损和跟踪止损

对于使用止损的投资者来说，这条原则必须是其投资策略的一个固有部分，因为使用止损有时会赢，有时会输。如果股票价格跌破一个目标位，使用自动止损单的好处是，如果股票价格下跌更多，你可以避免更大的亏损，并且当你的股票价格不断下跌时，你可以消除手动卖出的心理困难。

从负面来看，股票可能只是暂时下跌，股价跌破止损位之后，随即回升到了你的入场价位之上。在这种情况下，虽然你的所有交易记录都是亏损的，但你的初始策略却是正确的。

一些像巴菲特和卡拉曼这样的投资者，他们将使用止损定义为一种疯狂的行为，而不是一种限制风险的工具。根据卡拉曼的说法，当价格下跌时卖出持股是非理性的。如果投资者在当初是基于正确的价值分析而买入股票，价格的再次下降只意味着它现在是一只更好的便宜股，而向下摊低成本将会增加他的投资回报。根据卡拉曼的说法，让市场来决定何时应该卖出是完全疯狂的。

尽管如此，如果这条原则符合你的投资策略，请使用止损，但请记住，价值投资者不会使用止损，因为如果他们进行了适当的尽职调查，他们通常会在股票价格下跌时买入更多股票，并且只有在具有很大安全边际时才买入股票。

因为你达到了目标而卖出股票

这是我最喜欢的卖出原因，并且应该是卖出股票的最幸福的原因。如果你的目标是在某个年龄退休并且获得一定数量的退休金，或者你希望通过投资来买房，或者进行一次环球旅行，或者你已经获得了足够支付孩子学费的资金，那么卖出股票是明智的选择，因为股票市场的不稳定性总有可能给你带来意料之外的结果。比如说在不到5年的时间里，如果你已经赚到了足够多的钱并且已经达到盈利目标，你就可以卖出股票，把风险降到零，并开始享受生活。

总结一下投资组合管理的这部分内容，适当的投资组合管理，可以真正帮助你利用市场的非理性行为获利，使投资者能够在股票价格便宜时买入，在股票得到合理估值时卖出。对市场进行跟踪分析，可以让我们实现适当的多元化，从而降低风险并提高回报。

第12章 对冲和保护性投资也很有价值

> 如果你正在为未来潜在的通胀寻找对冲并且着眼长远，那么黄金仍是一个不错的选择。
>
> ——约翰·保尔森（John Paulson）

价值投资和对冲

市场风险虽然不能靠多元化投资来降低，但可以通过对冲来实现。许多人都不理解的是，如同其他投资一样，对冲也是一种投资，它具有价值和价格。只要价格低于价值，这时买入股票就具有安全边际，因此，适用于常规投资的原则同样也适用于对冲投资。我将会介绍一些方法，价值投资者可以通过使用长期估值方法来利用多种类型的对冲方式。

在深入研究技术部分之前，需要注意的是，对冲是一种非常重要但经常被人忽略的投资策略。对冲的原则是买入与投资组合中资产类别相关并且价格运行方向相反的投资标的，这样，就可以保护你的投资组合规避潜在亏损的风险。例如，如果你持有一个标准普尔500指数投资组合，那么买入标准普尔500指数看跌期权可以让你在市场大跌的情况下获得安全保障，你不会产生任何亏损，因为随着标准普尔500指数下跌，其看跌期权的价值应该以同样的速度上涨。

对冲的问题在于它们通常都不是免费的，并且通常会有一个期限，这使得它们在较长时期内的维护成本非常之高。然而，理性投资者可以通过一些常识找到有趣的投资或对冲。关于对冲的美好但棘手的情况是，在牛市和经济扩张期间它们通常非常便宜，因为没有人会考虑对冲操作。在这种情况下，机会主义价值投资者甚至可以找到免费的对冲标的。

多元化作为一种对冲方式

最常见的对冲方式是多元化投资，但多元化意味着持有不相关的资产。关于适当多元化的普遍看法是，持有标准普尔500指数，而极端多元化意味着持有债券和股票。事实上，股票和债券都在同步运行，并与利率运行方向相反。自1982年以来，利率一直在下降，这压低了所要求的回报，从而使从房地产到股票和债券等大多数资产价格产生通胀。因此，如果你想获得多元化对冲的好处，就应该真正地寻找不相关的资产。在全天候式投资组合部分将会更详细地介绍有关投资于不相关资产的内容。

对冲金融危机和经济下行

众所周知，经济和金融市场具有周期性，而其周期通常由债务推动。在某些时候，消费者和企业会过度使用资金杠杆，从而使债务成本成为一种负担，并且经济活动出现衰退。根据具体情况不同，经济衰退可能会产生轻微影响或者严重影响。

由于整个全球金融体系陷入混乱，2008年的经济衰退带来了可怕的严重影响。鉴于此后中央银行一直在为金融体系增加流动性，下一次金融危机可能会更加严重，我们唯一可以预期的是，中央银行会继续使用一直以来的同样应对手段，那就是，印刷更多钞票。

我称之为“印刷钞票”，但正式的名称是量化宽松政策，其行使方法包括降低利率、增加信贷、提供税收抵免以及在金融市场上购买资产。

很容易得出这样的结论：在下一次经济衰退中，各国央行将（引用欧洲央行行长马里奥·德拉吉在2012年的讲话）“不惜代价”地保持现状，这种可预测性为理性投资者提供了一个很好的机会来对冲印刷更多钞票。

针对量化宽松的最佳对冲标的是那些定量供应的资产（如贵金属），定量供应的房地产（如土地），以及定量供应但需求稳定的大宗商品。

黄金作为一种金属在短期和中期的价格非常不稳定，但从长期来看，它与货币供应量有关。在过去的15年中，黄金价格已经上涨了约6倍，接近美联储的资产负债表增长。

上述情况并不意味着投资者应该只持有黄金或其他对冲标的，而只是指出投资者应该保持开放的心态并观察哪些可能发生的事情能够增加回报和降低风险。

对冲通货膨胀

令经济学家们大吃一惊的是，量化宽松政策并未导致高通胀率，然而，通货膨胀总是潜伏在角落并随时会出现。通货膨胀可以出现在很多行业，虽然不会对官方报告的通货膨胀率产生重大影响，但它会对你的支出产生重大影响，想一想医疗费用、学费和房地产或股票。

通货膨胀的对冲类似于量化宽松的对冲，然而，通货膨胀的另一种绝佳对冲方式是固定利率贷款。鉴于所有政府的目标都是将通胀率控制到至少

2%，其中3%是比较好的平衡比率，固定利率长期贷款将为通胀压力提供一个很好的对冲，特别是当这些资金投资于硬资产①的时候，硬资产会随着通胀率的提高而产生稳定安全的收益率。这有点超出了本书的范围，但它是值得思考的事情。

对冲货币风险

大多数人想当然地认为他们自己的货币是没有风险的，从而忽视了适当的多元化应该包括货币对冲，随着时间的推移，货币风险便会显现。这经常被忽视，在过去30年，与一篮子主要全球货币相比，美元已经损失了40%的价值。

由于货币通常以几年为周期，最佳策略是拥有一个充分多元化的国际投资组合，然后根据货币的强弱和投资的安全边际对投资组合进行调整。

1984年至2017年美元指数

图38 过去30年美元指数大幅下跌

资料来源：美联储经济数据

---

① 硬资产（Hard Assets）是指切实存在的、具有一定耐久性的、不易消灭的、受自然周期或经济周期影响较少的资产种类，比如，贵金属、基本金属（包括黑色金属和有色金属）、能源（主要是指化石能源）和房地产等。

强势美元对美国经济不利，迟早会对经济产生影响。然而，理性投资者可以利用强劲的本国货币并以便宜的价格购买国际资产。因此，在本国货币的长期周期中，当外国货币表现强劲时，必须对国际资产重新进行调整。

流动性对冲

我们已经提到价值投资者总是拥有大量的现金缓冲，但这也是一种对冲。现金是最终的对冲，因为它使你能够在一个好机会出现时采取行动。但是，这需要很大的耐心，使投资组合中的很大一部分以现金形式持有，而且需要强大的纪律，只能在一定的回报水平上进行投资。

例如，假设多元化投资组合的收益率现在为10%，理性投资者会将其投资组合的25%以现金形式持有或者购买短期高流动资产（如短期国债）。如果收益率下降到7.5%，投资者可能希望将其现金头寸增加到35%，或者通过卖出其他相对高估的资产使现金头寸保持在25%。

当长期投资组合收益率增加到15%时，就像股票市场崩盘时经常发生的那样，理性投资者可以大幅降低他的现金头寸，以便能够利用便宜股获利。

使用期权作为对冲

有人说期权是好的，有些人则不这样认为，但重点是，这一切都取决于期权的价格。通常情况下，为某项投资提供保险的期权都非常便宜，因为市场认为给定资产没有风险，当资产被高估时通常就是这种情况。因此，理性投资者可能会使用期权来对冲那些经过显著上涨并且现在被高估的头寸。但是，一个可以对冲下行风险的期权，如果其价格便宜，它可以成为一个很好的保险。市场波动性越低，投资者的自满情绪越高，期权就越便宜。

在对投资组合进行调整时，卖出看跌期权或卖出持股看涨期权[①]在某些情况下也是一种有用的策略，但这超出了本书的范围。

我们来总结一下本章关于对冲的讨论，对冲就像所有其他投资一样，必须以同样的方式进行。非常重要的是，了解对冲的成本并仔细计算对冲的概率结果。如果从个人投资组合的风险回报角度来看，对冲期权似乎很便宜，那么利用它来获利就不是一件疯狂的事情。

此外，还可以找到带有α收益[②]的对冲。例如，我拥有黄金对冲的形式一直是通过在投资组合中持有黄金矿业股。但是，如果我能找到一家满足以下要求的矿业公司就更好了，那就是这家公司同时以低成本开采铜和黄金，或者铜产量在未来的某个时候可以大量增加并且目前市场给予了很大的股价折扣。通过这种方式，即使黄金价格不断振荡，我也可以用黄金来对冲金融风险，并最终用铜来对冲通货膨胀。

我坚信有可能随着时间的推移来创建一个充分对冲的投资组合，每个对冲标的都具有安全边际并以收益率的形式创造价值，该收益率可能来自低成本黄金矿业公司的股息或者外债利息。这种经过适当调整的投资组合，应该能在长期内带来更低的风险和更高的回报。

---

① 卖出持股看涨期权（covered call options）策略是指投资者卖出（开立）一份看涨期权合约，同时持有标的股票同等数额的股份。

② 投资组合的期望收益由两部分组成，其中α收益为投资组合超越市场基准的收益，β收益为投资组合承担市场系统风险而获得的收益。通过对冲手段可以剥离或降低投资组合的系统风险（β收益），获取纯粹的α收益。

第13章 避免价值陷阱

坚持投资于小盘股就是很好的策略。如果我们想兼顾更多类型的股票，这对我们的客户来说是不公平的，因为没有那么多伟大的公司。

——比尔·鲁恩（Bill Ruane）

价值投资者面临的最大危险之一就是价值陷阱。在90%的情况下，股票价格之所以便宜是有原因的。因此，我不能强调本章有多么重要，但我希望本章能为你提供一些有益的建议，使你能够避免落入价值陷阱，以及避免“接飞刀”。

“接飞刀”的10条原则

永远不要试图接住正下落的刀子，要等它掉到地上再捡起来，这同样适用于下跌中的股票。

所有这些关于便宜股的讨论，以及仅买入具有很大股价折扣的股票的讨论，通常会导致投资者试图“接飞刀”。与投资者为了避免价值陷阱所必须要注意的原则有所不同，避免“接飞刀”的原则有点复杂，因为它与投资者心理以及市场心理都有很多关联。我希望下面的10条原则可以帮助你提高回报并降低风险，至少可以使你避免投资那些看似便宜但会变得更便宜的公司。

那些经历了快速下跌的股票通常被称为飞刀。在熊市中，整个市场可能成为一把下落的飞刀。股票可能出于多种原因而下跌，可能是未达到分析师的预期、行业问题、会计问题、负面投资情绪、法律问题，或者许多其他可能的负面影响。

“接飞刀”策略背后的期望是在超卖时以及实际（内在）价值远高于最终的股票价格时买入股票。这种情况经常发生，因为投资者是非理性的，他们往往会对负面新闻反应过度。

我们的思维是具有排他性的，这意味着即使是一条负面信息也可能覆盖很多条正面信息。想一想你的上次亏损，即使亏损只占你财富的一小部分，它也可能会对你当天的幸福水平产生重大影响，这种情况可能会对股票产生实际的非理性影响并使其成为一只价格极低的便宜股。

行业疲软是暂时的还是结构性的

试图“接飞刀”的第一条原则就是要真正找出行业疲软是暂时性问题还

是结构性问题。暂时性问题经常出现在增长行业，供应过剩与供应短缺问题在不断发生转换，以满足不断增长的需求，从而造成短期供需失衡。然而，结构性增长很快会解决这些问题，相应投资通常会随着时间的推移而表现良好。在存在结构性问题的行业，例如当前的零售业，只有少数股票会反弹，而许多股票将继续下跌。

注意你的心理偏见

丹尼尔·卡尼曼（Daniel Kahneman）是一位诺贝尔奖获得者并且是《思考，快与慢》一书的作者，根据他的说法，投资者倾向于根据直觉采取行动而不是根据理性分析采取行动。当股票价格快速波动时，人们倾向于快速思考，这是我们天生的“战斗或逃跑”心理机制，而不是花费必要的时间来收集和评估新信息，以便能够对该情况做出理性决策。

经常导致错误投资决策的原因是执着于以前的价格水平。投资者倾向于根据以前的价格进行估值，要想避免这种做法是非常困难的，因为这是我们的天性使然。

此外，投资者倾向于认为他们的观点是特别的，并且凭借其观点，他们能够比其他人更有优势。只有当分析师对该问题的研究比该领域的所有其他人更多时，他的观点才会有优势。如果不是这样的话，请注意这种过度自信。

也许与“接飞刀”有关的最重要因素是，市场从根本上是不可预测的。我们可以尝试估算一家公司在未来几个季度的收益，但如果想估算更远时期的收益，或者估计该公司的前景，那将非常困难。使用启发式方法和简化事物是我们人类的本性，因此在投资时要小心不要落入价值陷阱。

在买进不断下跌的股票之前，首先要分析一下自己的行为，你是否在凭直觉根据过去的价格买进？你是否将极大的价值分配给了一个不那么重要的会计科目？你是否能够精确地估计未来企业和行业的基本面，或者至少比其他投资者具有更好的估值能力？如果答案全是肯定的，或者有些是肯定的，请寻找其他一些投资机会。

了解短期超卖和长期趋势之间的差别

在华尔街有句名言是永远不要“接飞刀”，现在，如果每个人都遵循不“接飞刀”的原则，那么我们有理由认为，股票很快就会超卖并且股价会变得非理性，因为始终有卖家由于坏消息而卖出股票，但也会出现同样多的买家。因此，在某些时候必然会有机会。

根据我的经验，最重要的事情是仔细分析公司，要保持耐心，不要急于买进，分析其行业的动态，观察分析师和投资者都正在关心什么问题，并估计未来的消息是否会好于预期或者差于预期。

成为该领域或股票的专家

投资世界并没有看起来那么大，而且通常只有少数几个分析师会对一只股票进行跟踪分析，特别是当它是一只小盘股的时候。如果你比分析师下更大的功夫进行行业分析，那么你将很快在竞争中处于领先地位。对于投资新手来说，华尔街可能看起来像是一座难以穿越的城堡，但你越了解它，就越会发现它并不是那么深奥，勤勉的价值投资者可以在投资中赢得优势，特别是对于那些没有多少人跟踪分析的股票，因为华尔街无法在小盘股上获得较高的管理费。

深入研究一只股票或一个行业将让你看到华尔街的分析师尚未看到的内容，值得注意的是，最年轻且经验较少的分析师通常会负责分析那些吸引力较小的股票。

控制你的风险

谨慎控制你的风险并考虑通过买入期权来降低风险并增加回报。你对公司的了解会让你得到一个非常好的内在价值估计值，但请务必在计算中考虑到下跌趋势可能会延续。这是因为负面消息，比如收入下降和利润率下降，可以迅速降低你之前计算的内在价值。

假设下跌趋势将继续

你在计算内在价值时，需要假设一下，如果下跌趋势继续，该股票的内在价值会发生什么变化。如果该股票目前的价格低于你所预期到的最坏情况下的内在价值，那么它可能是一个买入机会。

需要理解的另一个非常重要的事情是，“接飞刀”是一种非线性的策略，因此如果做得好，会带来超额回报。重要的是，要始终知道你是容易犯错的并且你的估计值可能是错误的。最好的应对措施是多元化投资，在不满足所有标准的情况下学会拒绝一些机会，以及要求具备明显的安全边际。

多元化

即使你的买入正确率平均为50%，凭借适当的多元化，你的回报应该是正的。假设你买入了10只飞刀股票，在这10只股票中，有5只在次年翻倍，有2只没有上涨，有3只破产，你的回报率仍然是20%，即使只有50%的股票是正确的，这也是非常好的回报率。

这也将降低你的风险并增加回报，因为你可能亏损的最大值是100%，但上涨空间是无限的。

坚持策略，不要在第一次价格上涨后卖出

将同样的分析原则应用于上涨股票，可以避免过早卖出。好消息也会经常叠加，这会令许多投资者兴奋不已，而你有可能获得超额回报。不要在第

一次价格上涨时卖出股票，等待该股票达到你的内在价值，特别是在有正面消息趋势的时候。“接飞刀”是一种高风险的策略，因此预期的回报应该较高。如果过早卖出盈利股并且一直持有亏损股，那么你可能无法获得正回报。

像往常一样，首先分析你的行为，然后分析股票和行业。只要股票很有可能继续呈上升趋势，就可以利用它获利。

学会拒绝

幸运的是，市场上有很多的股票和机会，在股市中学会如何拒绝一些机会，这具有极高的价值。你可能会错过一些回报，但你会错过更多的亏损。

寻找较大的安全边际

最后一条原则对任何类型的投资都至关重要：寻找价值和安全边际。当股东价值显著高于当前的股票价格时——即使在最糟糕的情况下，包括经济衰退、首席执行官或首席财务官辞职、会计丑闻或股息削减——可以加码介入！

“接飞刀”原则的关键在于，我们在理性分析股票的同时，应该投入相同的时间和精力来分析我们在不同情况下的投资行为。当你对自身以及所分析的公司有很好的了解时，就将提高自己的投资胜率，这是投资中最重要的事情。

第14章 一些深入思考

每当你发现自己和大多数人站在一边时，你就该停下来反思一下了。

——马克·吐温（Mark Twain）

投资世界并不全是价值投资

伟大的投资需要经常延迟满足感。

——查理·芒格

在本书的这一部分，我想分享一些投资策略，这些策略我认为不仅极具吸引力，而且可以带来非常令人满意的风险调整回报，特别是在将其与价值投资方法相结合的情况下。

价值投资大多着眼于寻找被低估的某只具体股票，却往往忽视了大局观，比如该股票是否适合投资组合并且符合多元化的要求。在这一部分，我将讨论四个非常有趣的话题，我真的觉得这些内容可以进一步补充价值投资策略。我将结合瑞·达利欧的全天候式投资方法，来说明在投资时关注经济环境也很重要，因为经济环境肯定会在我们的投资生涯期间发生变化并影响我们的持股。

此外，根据我对沃伦·巴菲特的投资活动的分析，我得出了一个新的概念，我称之为“时间多元化”，它恰当地描述了巴菲特在过去50年中的投资活动特征。鉴于许多人的投资组合管理机会存在税收限制或者希望通过投资来获得长期被动收入，因此与价值投资相结合是一个很好的策略。

我最喜欢的思想者和投资者之一是纳西姆·塔勒布，他是《黑天鹅》一书的作者，他在书中描述了一些有趣的投资概念，如极端斯坦和平均斯坦，这些概念可以为通常的平均斯坦价值投资方法添加很多价值。他的研究特别有趣，因为他提出了一个观点——极不可能的事情却并非那么不可能，投资者应该非常注意这一观点。我将以讨论黄金投资来结束本章，即使巴菲特从未被黄金投资吸引过，但瑞·达利欧和赛斯·卡拉曼都将其投资组合的很大部分资金投向了黄金矿业公司。

全天候式投资组合

全天候式投资组合的主要目标是尽可能降低风险，同时在各种经济环境中始终如一地提供令人满意的风险调整回报。

当我们总结经济总体发展状况时，可以将所有可能的状况概括为四种经济环境。经济增长可能低于或高于预期，同时通胀也可能低于或高于预期。这就形成了四种不同的经济环境，全天候式投资组合需要能够应对各种经济环境。

高于预期： 经济和通胀 投资： 新兴市场设备和信贷、对抗通胀的债券、大宗商品、黄金和房地产	**高于预期：**经济 **低于预期：**通胀 投资： 发达市场债券和资产、国债、房地产
低于预期： 经济和通胀 投资： 长期国债、现金	**高于预期：**通胀 **低于预期：**经济 投资： 对抗通胀的债券、新兴市场债券、黄金、白银、大宗商品

图39　所有可能的宏观经济环境

资料来源：桥水公司

从20世纪80年代直到2017年，由于低通胀、低利率和经济增长，股票在此期间一直表现良好。但是，没有人知道未来35年的经济环境将会如何。因此，通过拥有那些随时间推移能够不断创造回报的不相关资产，并对投资组合中的有利资产与不利资产进行不断调整，可以以更低的风险获得令人满意的回报。

要想创建全天候式投资组合，你必须将投资组合中的25%的风险配置给每种可能的经济环境。这是一般理论，但说明该策略的最佳方式是，通过实例来说明如何在特定时刻创建一个这样的投资组合。

媒体描述的一般的全天候式投资组合是指30%的股票、40%的长期债券、15%的中期债券、7.5%的黄金和7.5%的大宗商品。然而，这样的策略从一开始就是错误的，因为全天候式投资组合的重点不在于精确的投资组合配置，而在于风险。因此，要创建一个全天候式投资组合，你必须考虑某个资产类别在经济环境和价格方面会产生哪些相关风险，这正是价值投资派上用场的地方。当你根据相关风险对投资组合进行了合理配置之后，就要继续维护该投资组合，一旦该投资组合的一部分资产的风险过高或过低，就要相应地根据风险的变化对其进行调整。价值投资处置风险的方法，即风险应被视为资本损失的可能性，而不应被视为先前的波动性，这确实有助于对投资组合进行适当的调整和配置。

在以下四种经济环境中，我会针对当前经济环境创建一个全天候式投资组合，同时为了更好地描述其概念，我仅使用了少数几种资产类别。

情景＃1：经济增长高于预期和通货膨胀低于预期

这就是我们目前所处的环境。如果我们观察一下过去几年的欧洲和日本，它们的经济一直处于增长状态，但是增长乏力，通货膨胀明显低于预期。在美国，经济增长有所提高，但增长率仅仅高于2.1%，同时，在通胀方面低于2%的目标通胀率。

这种经济环境中的最佳资产类别当然是股票。然而，我们已经处于这种经济环境达8年之久，资产价格的上涨并非由于经济的改善或收益的增长，而仅仅是由于估值的增长。这使得一般股票的风险很大，特别是因为我们知道，以目前的估值水平，从历史情况来看，未来10年的回报率并不像我们在讨论周期调整市盈率时所提到的那样积极。

债券也和股票一样具有类似风险，因此需要考虑到，如果利率上升，不能排除多元化债券投资组合可能下跌20%（甚至更多）的风险。

情景＃2：经济增长和通货膨胀高于预期

由高于预期的经济增长和通货膨胀带来的风险不容忽视，因为新兴市场的需求可能刺激全球通货膨胀，为了应对这种经济环境，最好的办法是持有新兴市场债券或发放股息的股票以及大宗商品类股票。我更喜欢大宗商品类股票，因为当商品价格上涨时，它们能够为你提供收益率，并且它们的收益会以非对称形式实现增长。

由于这些资产风险也较大，并且很容易下跌50%，因此重要的是，对这些资产的配置比例需要与上述股票的配置比例保持一致。

情景#3：经济增长和通货膨胀低于预期

为了在这种经济环境中创建适当的投资组合，我们要问一下自己，在下一次经济衰退中哪类资产会表现得最好？答案很简单：国债。

现在，你想持有的国债数量取决于你对整个投资组合的风险回报偏好。如果你通常厌恶风险，那么你必须选择短期国债，因为它们几乎没有风险。但是，如果将你投资组合的25%的风险分配给此类资产，这就意味着你投资组合中的所有其他资产类别仅占其中的一小部分，因为股票的风险至少为50%，而短期国债的风险可能仅为5%。

如果利率下降，长期国债会提供更大的上涨空间，而如果利率上升，下跌空间也会更大。如果你观察一个20年期的国债，可以说其风险回报率与股票接近，在通胀率和利率上升的情况下，下跌空间有可能达到50%，而如果利率大幅下跌，上涨空间也可能很大。尽管如此，目前2.65%的收益率已经很不错了。

情景#4：经济增长低于预期和通货膨胀率高于预期

这种经济环境下的答案很简单：黄金。如果全球经济继续放缓，尽管未来可能出台货币刺激政策或出现更高的通胀率，但所有与黄金相关的资产的价格都将飙升。在这种情况下，如果黄金价格超过每盎司5 000美元，这都不会让我感到惊讶。你认为5 000美元太夸张了？请不要忘记2001年的黄金交易价格仅为每盎司260美元。

你如何投资于黄金呢？如果你厌恶风险，你可以选择实物黄金，较大比例地配置黄金ETF，能够使投资组合保持流动性并进行再平衡。如果你偏好风险，那么你应该选择黄金矿业公司或黄金流公司，其风险低于真正的矿业公司。

我上面介绍的内容只是尝试创建全天候式投资组合的一个例子，但我认为这是说明这一概念的最佳方式。要明白全天候式投资组合的要点在于管理风险，风险调整后的回报随着时间的推移会回归正常水平。然而，你需要正确地评估各类资产是否适合你的投资组合，估算它们当前的风险回报，并且考虑如何平衡配置这些资产才能让你睡得安稳，同时能在任何经济环境中表现良好。在这个例子中，为了便于说明，我只提到了少数几种资产类别，但适当的全天候式投资组合可能包括上图中提到的所有资产类别。

我在前面提到过四种不同的资产类别，它们目前都提供了显著的回报，但由于它们的价格在不同的宏观经济形势下表现不同，因此并不相关。例如，在全球经济衰退并伴有通货膨胀的情况下，黄金股可能会上涨，而普通股将会下跌。或者在通胀率较低的情况下，股票将会表现良好，国债也会表现良好，而黄金则会表现不佳。然而，如果你拥有一家黄金流公司或者一家低成本的黄金矿业公司，即使在这样的环境中，你也会获得较高的股息。由于经济是周期性的，通过适当地对资产配置进行再平衡，你将获得更多收益。

全天候式投资组合的关键是不断对其进行再平衡。这意味着只要你的投资组合的一部分超过了投资组合风险的30%，就可以将其向下调到25%。当风险较低时，你也会采取相反的做法。例如，当股票通常处于10倍周期调整市盈率以下时，历史表明平均10年回报率约为10%，那么负回报率就是不可能的。从这方面来看，股票风险极低，因此，股票再加上高收益的国债应该构成你的投资组合的一大部分。在这种环境下，黄金价格可能已经涨得过高了，所以，为了控制风险，你应该卖掉投资组合中的黄金并买进股票。

时间多元化

在这里，我想介绍一个新概念，它源于我对沃伦·巴菲特的投资活动的研究。巴菲特的投资是一项绝佳的分析案例，因为他一直在从事投资活动，并且在以后很长时期内也将一直如此，用他的话更准确地来说就是："我最喜欢的持有期是永久。"在研究巴菲特的长期投资活动过程中，令我感到非常震撼的是，他的做法与普通投资者听到的那些投资建议正好相反。大多数财务顾问建议，通过在每种资产都投资一小部分资金的方式来限制风险，从而实现即刻多元化。

然而，令人遗憾的是，这样的多元化只会限制投资组合的上涨空间，而不是下跌空间，因为在利率上升和经济增长缓慢的环境中，如果一个投资组合配置60%的股票和40%的债券，那么它的表现会非常糟糕。重要的是要知道经济总是周期性的，这会使投资环境经常发生变化。因此，由于我们的投资生命周期大约是40年（或平均职业生涯跨度），我们在进行投资时必须要考虑到周期性。

以巴菲特为例，他在1951年将自己的大部分资金投资了盖可保险公司（GEICO）。1961年，他将合伙公司35%的资产投资了桑伯恩地图公司（Sanborn Map Company），1964年，在所谓的"色拉油丑闻"[①]之后，他将40%的资产投

① 色拉油丑闻（Salad Oil Scandal），1963年，一位大宗商品交易商利用美国运通公司的监管漏洞及信誉在色拉油存储上造假，以兑水的方式伪造色拉油储量，他利用运通公司发行的存货收据骗取大量银行贷款，美国运通股价由此暴跌了50%。

资了美国运通，在1973年他将大量资金投资了华盛顿邮报。1973年股市暴跌，从1976年到1996年他通过伯克希尔哈撒韦公司逐步获得了盖可保险公司的全部所有权。在1987年股市崩盘后，1988年，他在可口可乐公司投资了12亿美元，并于1990年购买了富国银行（Wells Fargo）10%的股份。

随着伯克希尔的规模变得越来越大，他的投资规模也越来越大。2010年，再一次在经济危机发生一年后，伯克希尔以440亿美元的价格收购了北伯林顿铁路公司（Burlington Northern），随后在2015年，在其他许多收购和股票购买中，以320亿美元收购了精密机件公司（Precision Castparts）。

这个简短的总结可以告诉我们多元化如何取得很好的效果，但是如果能够以便宜的价格购买那些处于衰退周期的资产，比如2010年的铁路公司股票或者像1964年的美国运通那样，那就更好了。

时间多元化的好处在于，你可以在资产价格便宜时进行购买，因此股息收益率较高，利用获得的现金可以在以后购买其他便宜资产。当其他股票看起来更便宜或者看起来是更好的机会时，你不必转向其他股票，因为如果你从初始投资的角度来看它仍然具有很好的收益。

时间多元化使你能够在整个投资生涯期间保持多元化，同时又不会为多元化付出过多的代价。举个简单的例子，让我们来看看纳斯达克指数。纳斯达克指数是实现科技股多元化的途径，但该指数比标准普尔500指数更具波动性，并且在经济增长迅速转变为经济泡沫之后，会在经济衰退时产生崩盘现象。

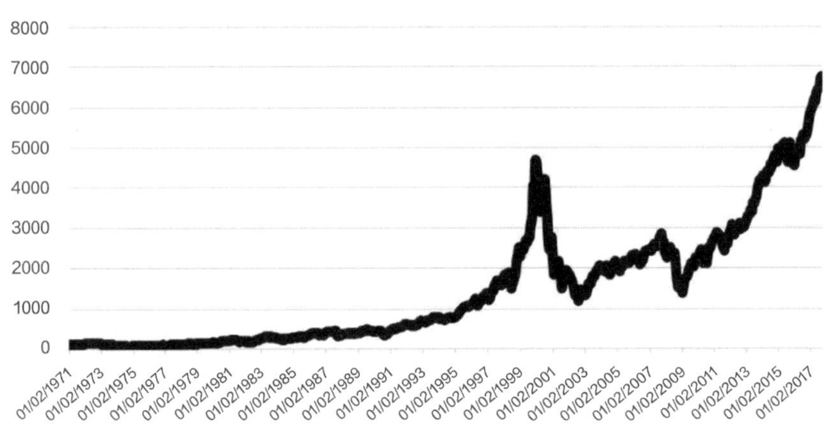

图40　纳斯达克指数

资料来源：作者的数据

因此，按照时间多元化背后的逻辑，我们应该仅在经济衰退期间选择配置技术股，从而使你的投资组合实现多元化。这似乎是一个非常奇怪的概念，并且令人难以理解，特别是在基本面消息保持不变并且经济周期容易被人们遗忘的环境中，但自从1945年以来美国的平均经济周期顶点的间隔期为68.5个月，这意味着，在我们平均40年的投资生涯中，我们将有7次在经济衰退中进行投资的机会。

时间多元化是一个全新的概念，关于它的讨论还很少，但它可以说是有史以来最伟大的投资者的主要成功因素之一。这样的策略需要较高的纪律性，当其他人逃离某个行业或股票时，需要具备进行投资的勇气，而且还要具备坚持既定策略的性格特征，无论目前的环境如何。为了能够准确地了解一个行业或一项资产何时低于或高于其长期均衡价值，对于你所要进行投资或规避的行业的长期前景，如果你在这方面拥有更高的知识水平，那么将会更容易坚持既定策略。

另一个问题是，当机会出现时，时间多元化需要一定数量的可用现金，这再次指向了纪律因素。

平均斯坦、极端斯坦和极不可能

然而他们盲目地相信股票市场，还有他们养老金计划基金经理的能力。他们为什么这样做呢？因为他们认为这就是对自己储蓄应有的利用方式，因为“专家”就是这样告诉他们的。他们怀疑自己的感觉，但他们对自己在股票市场的自动买入行为却没有一点怀疑。

——纳西姆·塔勒布

我将以一则个人故事来开始本节内容，它能完美地说明这些概念。我的一位朋友（2017年）以240万英镑的价格出售了他在伦敦市中心的房子，这个售价是伦敦的平均价格。然而，有趣的是，他在1996年仅以16万英镑的价格购买了这套房产，经过20年，他的伦敦房产价值增长了15倍。

我的另一个例子来自于近期《华尔街日报》的一篇文章，其中提到，一套公园大道顶层公寓的售价约为1 800万美元。有趣的是，该公寓已经空置了27年，因为归属于前南斯拉夫共和国，这也让我们能够知道1975年的购买价格。其购买价格是10万美元，40年来，这套纽约房产的价值增长了180倍。同样，美国股市在过去35年中增长了25倍。

这些都是需要考虑的非常重要的事情，因为在这个快速变化的世界中，非常必要的是，具备一种能够让你寻求极端回报的投资心态。有趣的是，在当时购买纽约或伦敦的房产，或者在1982年购买市盈率低于10的股票，似乎是一件低风险的事情。

极端斯坦与平均斯坦

纳西姆·塔勒布在其著作《黑天鹅》(*The Black Swan*)一书中介绍了极端斯坦和平均斯坦这两个概念，他在这本书中详细阐述了这个世界一直向极端倾斜的事实。这对投资者来说非常重要，因为用于分析的大部分数据都是讨论的平均值，但在计算投资组合风险和预期收益等这些结果时，所使用的平均值是由极端输入值组成的，比如，伦敦或纽约的房地产价格，或者世界范围内一些其他城市的房地产价格，其上涨速度已经与通胀率持平或低于通胀率，这使得从表面上看来，似乎所有房产的价格都很稳定。

但事实远比平均统计数据向我们所展示的情况要复杂得多。自从1975年以来，美国房价指数“仅”上涨了7倍，而不是像前面所讨论的纽约房价那样上涨了180倍。同样，英国房价在过去20年平均上涨了3.5倍，而不是像伦敦房价那样上涨了16倍。

这一切都表明，极其重要的是，你自己要投资于那些有机会在未来20年内实现极端增长的投资，同时将平均增长的投资留给一般的投资者，将低于平均增长的投资留给那些只是买入当下流行股的投资者。

我们来总结一下极端斯坦投资，塔勒布指出，使用平均值来衡量所有事情是错误的，因为计算平均值的样本非常多样化，以至于很多结果都会超出我们的预期，无论是在上涨还是下跌。因此，如果我们处于极端斯坦范围，我们使用平均斯坦的分析工具来进行收益预测、风险管理，等等，我们就会面临大量的意外情况。其中一些意外情况可能是积极的，也有一些可能是消极的，但它们的影响可能会超出我们的预期。

现在让我们定义一下极端投资，以便让我们的投资组合尽可能多地在积极方面产生意外情况。

定义极端投资

这部分内容写于2017年底，它包括了当时的大量信息，当你读到这部分时，情况可能会有所不同，但这也正说明了，事情总是不断变化的。因此，请将以下内容看作一次学习经历。

极端投资的共同点是有限的供应量和预期的稳定性。

在有限的供应量方面，你既不可能大量增加纽约顶层公寓的数量，也不可能大量增加舒适的伦敦中央维多利亚公寓的数量，因此，我们必须寻找那些需求量将会超过供应量同时供应量相对固定的投资。

鉴于全球扩张性的货币政策，我们可以继续预期货币供应量会不断增加，我们在本文开头所描述的价格暴涨情况，在未来更有可能发生。

在预期的稳定性方面，没有人预计标准普尔500指数会从现在的位置下跌50%或更多，因此买入价外看跌期权是一项极端投资，这可能会带来不错的收益。

可能出现负面意外的投资

目前的债券前景极具风险，特别是如果我们看到由更高的通胀率导致的更高的利率。事实上，许多人从债券在过去35年的运行情况来观察债券的风险，这期间的利率一直在下降，使得债券非常容易受到负面极端意外的影响。如果我们看到利率突然攀升到10%，因为世界各国的央行失去了对其货币供应的控制权或者人们对其货币失去了信心，我们会看到利率迅速飙升，从而导致债券市场出现衰退和悲观情绪，因此债券在未来10年肯定会出现负面的极端意外。

如果我们看到与1950年至1982年类似的情况，在此期间利率不断上升，那么情况会更糟。请记住，99.9%的投资者使用近期稳定模型来计算债券风险，只有0.01%的投资者会考虑到最近几个季度以前的情况。

价值投资者通常可以找到具有极大潜力的便宜投资。随着世界的快速发展，能够识别这些机会并利用它们获利就变得更加重要。请记住，2001年的黄金价格低于每盎司300美元，1 000美元以上的价格是不可想象的，那些看涨到这个价位的人被认为是疯了。在2011年，黄金价格达到了每盎司1 800美元以上。在谈到极端环境时，一个需要讨论的重要品种也是黄金。

在你的投资组合中持有一些黄金矿业公司

> 如果你没有持有黄金……除了你不了解历史或者你不知道它的经济规律之外，没有其他合理的理由……
>
> ——瑞·达利欧

我的目标不是把黄金作为一项投资来深入探讨，而只是将其视为一种价值对冲方式并向你介绍一些深入的见解。我的理论是，通过将投资组合的几个百分点的资金投入黄金矿业公司，你就可以对冲掉任何可能的风险，同时你所承担的风险也不会太多，因为你最多就是损失那几个百分点的资金。

在下一次经济衰退中，让我们假设美联储在新的量化宽松政策下进入负利率区间，标准普尔500指数下跌50%或更多。在这样的经济和市场环境下，如果黄金价格达到每盎司2 500美元或以上，我并不会感到惊讶。许多黄金矿业公司会看到它们的利润剧增，其股价至少上涨10倍。因此，将投资组合的5%配置为黄金矿业公司很可能会使你免受标准普尔500指数下跌50%的影响，因为5%的黄金投资组合将能够弥补全部亏损。

现在，你可能会问自己，如果黄金矿业股票可能上涨10倍而标准普尔500指数有可能下跌50%，为什么我不把所有资金都投入到黄金矿业股票呢？其实，事情并非那么简单，没有人知道未来会是什么样子，特别是当一些因素即将发生变化时。因此，必须在一些不同的经济环境下进行思考，并相应地准备你的投资组合，以便能够在最低风险下获得最大回报。让我们来看看黄金最可能出现的两种情况。

看涨案例——黄金价格为5 000美元甚至20 000美元

现在，当有人说黄金将达到20 000美元时，大多数人会认为那个人只是另一个疯狂的专家。但是，这个想法并不那么疯狂。如果我们看看过去的黄金价格走势，可以明显看出，当前1 338美元的黄金价格，在1999年时看来似乎也是完全疯狂的。

从1968年到1980年，黄金价格上涨超过了15倍。同样，从2000年到2012年，黄金价格上涨了7倍。在20世纪70年代，由于较高的通胀水平，黄金价格不断上涨，而在21世纪最初10年，其上涨原因是利率下降、量化宽松和金融动荡。

现在想象一下，当下一次经济衰退袭击美国和其他发达经济体时会发生什么。每个经济体都运行在周期之中，但大多数市场参与者似乎已经忘记了周期性，并继续盲目乐观地将标准普尔500指数推向新高。

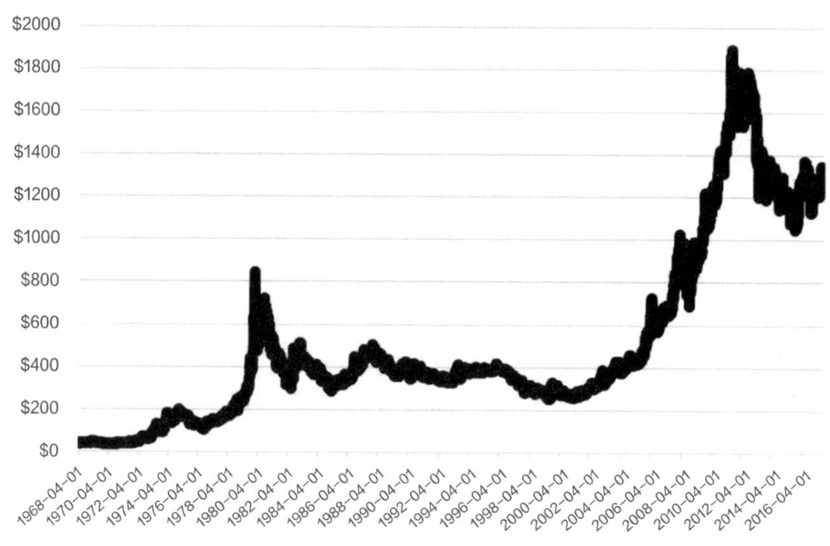

图41　过去50年的黄金价格

资料来源：美联储

我们已经知道，美联储、欧洲央行和日本央行将不惜任何代价为金融体系提供流动性，就像它们在过去10年中为了推迟诸如经济衰退这类经济问题而一直在做的事情一样。然而，这种行为只会加剧下一次危机，因为在以后某些时候，人们会对货币和央行失去信心。当这种情况发生时，我们将遭受由新的量化宽松计划和低利率导致的通货膨胀，以及由负收益和违约导致的金融动荡，或许还会导致一些政治动荡，如果黄金价格上涨15倍，我也不会感到惊讶，就像在20世纪70年代的情况那样。将目前的黄金价格（1 338美元）乘以15，我得到的价格为每盎司20 070美元。

现在，我相当确信在未来的某个时刻黄金价格可能涨到20 000美元，因为在经济继续保持缓慢增长，并且没有加快增长迹象的情况下，发达国家的债务负担需要通过高通胀来解决。但是，我的投资组合中只有一小部分投资黄金矿业公司，因为我不知道上述情况何时会上演。如果金价跌到800美元甚至600美元，我需要为调整投资组合留出一些空间，如果我将投资组合的50%都投资黄金矿业公司，那么将难以再做出调整。现在让我们来讨论一下另一种情况，即黄金价格下跌到1 000美元以下。

黄金价格低于1 000美元

如果全球经济特别是发达市场在较长一段时间内以目前的速度继续增长，央行设法提高利率，削减它们的资产负债表，通胀仍然可控，那么我不会对金价低于1 000美元感到惊讶，至少在短期内如此。如果黄金价格低于1 000美元，许多黄金矿业公司将变得难以盈利，甚至可能破产。

由于黄金价格主要取决于市场情绪而非供求关系，我们不能称每盎司1 000美元——这将使90%的黄金矿业公司难以盈利——是黄金的底部价格。因此，我们必须保留下行空间，这对我们的投资组合配置具有迫在眉睫的影响。

投资组合配置

如果黄金在未来10年内达到20 000美元，那么任何与黄金相关的投资都将成为一个头彩，但我们不知道黄金需要多长时间才能达到这样的价格水平，以及它是否会在达到20 000美元之前先跌到600美元。因此，你真的必须考虑应该在投资组合中配置多大比例的黄金投资。

最简单的方法是采取一个固定的百分比，然后当发生重大事件时，如经济衰退，如果你想让你的黄金收益扩大，就相应地对其配置比例进行调整。

通过将5%的投资组合配置给黄金投资，当未来货币宽松政策和低利率以及经济增长放缓带来金融动荡时，你可以保护自己免受金融动荡的影响。如果你可以忍受波动性，你的最佳选择就是黄金矿业公司。但如果你更喜欢稳定性，那么实物黄金也可以保护你的投资组合，限制下跌空间，但上涨空间也会减小。为了实现流动性并使调整投资组合变得容易，黄金ETF也是一个不错的选择。

因此，投资于黄金和黄金矿业公司，虽然你可能亏损多达90%，但也可能获得高达10倍、20倍甚至50倍的高额收益，此外还可以对冲由经济动荡和宽松的货币政策导致的负面影响。现在看来，这并不是一项风险回报较差的投资，是这样吧？

因此，价值投资者可以以矿产储备的形式来看待尚未开采的黄金价值，因为随着黄金价格的上涨，这些矿产储备可能变得非常有价值，而现在它可能会被折算为零。与往常一样，价值投资方法有助于使那些有趣并提供价值的投资机会，以及低成本的投资机会变得个性化。

个人投资故事

我将以自己的个人投资故事作为本书的结尾，讲述投资对我生活的意义。我年少时曾就读于一所文科中学，就像一所预科高中，我们完全没有经济学课程。幸运的是，当我大约18岁（2001年）时，我读到了一本关于投资的书，清崎的《富爸爸，穷爸爸》，他在书中解释了如何以5美元买入股票然后再以10美元卖出股票来进行投资。作为一个18岁的孩子，我被激发起了兴趣并开始研究股票。通过大量学习，我发现一些股票确实会上涨，也就是巴菲特所说的，市盈率越低，投资回报率应该越高。

所以，在19岁时（2002年——幸运假期），我买了第一批股票。其中一家公司是饮用水装瓶商，具有6倍的市盈率，另一家公司是电信设备供应商，是爱立信的子公司，有着3倍的市盈率。两家公司的估值都极低，原因是流动性不高且担心退市，但幸运的是我不知道这是一个问题并投资了这两家公司，在不知情的情况下，我遵循了巴菲特的投资建议，投资那些你愿意持有10年的股票。

我投资的股票成了5倍股，当我23岁（2006年）时，以我的年龄算很富有了，我买下了一条船，享受了在地中海进行潜水，完成了我的经济学课程，有两年时间都没有再进行投资。在2008年，我开始在纽约证券交易所再次投资，并亏损了一些资金，但这并没有妨碍我在2009年至2012年期间购买所有想买的东西。我主要买入了一只克罗地亚的旅游股，该股票支付10%的股息，并且即将开通一条连接欧洲其他地区的全新高速公路。毋庸置疑，这项投资又成了另一只5倍股，这不仅为我读博士提供了学费，还让我能够搬到伦敦生活，并使我有机会在彭博资讯公司找到了一份工作，然后在阿姆斯特丹的应用科学大学教授国际财务会计。

作为一名教师，我希望在学术方面有所提高并将其作为下个目标。我创建了一个用于新兴市场的真实价值风险评估模型，因此被授予了博士学位。如果你用谷歌搜索“SSRN Sven Carlin”，你可以找到这篇论文的摘要。这篇论文的主题是价值投资的有效性，它不仅可以带来更高的长期回报，还可以降低投资风险。

在2008年的经济危机和2010年投资航运业时，我也经历了两次亏损，每次的亏损大约有50%，但这些亏损都被其他投资的巨额回报所弥补了，这正是我认为每个人都应该投资的原因：你最多只是亏掉所投资的本金，但其收益却是无限的。

我希望你能喜欢这本书，希望通过降低你的财务风险和提高回报，能为你的投资和生活增添价值。

股票投资获利必读投资经典

集中投资：巴菲特和
查理·芒格推崇的投资策略

穿越周期的专业投机技艺：
投机者经典教程

行为投资学手册：投资者如
何避免成为自己最大的敌人

利弗莫尔的股票交易方法

投机教父尼德霍夫的
股票投机术

如何找到100倍回报的股票：
基于365只100倍股的研究成果

量价分析：量价分析创始人
威科夫的盘口解读方法

量化价值投资：人工智能
算法驱动的理性投资

构建量化动量选股系统的
实用指南

价值投资之外的巴菲特

股票基本面分析清单：
精准研判股价的底部与头部

哈里曼股票投资规则

投机教父尼德霍夫回忆录

在股市大崩溃前抛出的人：传奇投机大师伯纳德·巴鲁克自传

行为金融学：洞察非理性投资心理和市场

现代价值投资的安全边际：为慎思的投资者而作的25个避险策略和工具

威科夫股票交易与投资分析

量价分析实操指南：创建属于自己的高品质股票交易系统

马丁·茨威格的华尔街制胜之道：如何判断市场趋势、选股、择时买卖

选股

如何通过卖空股票赚钱：获得财富很简单，只需好方法

交易冠军：一个天才操盘手的自白

像格雷厄姆一样读财报："股神"巴菲特案头之作

cis股票交易术：在股市从23万赚到13亿元的制胜逻辑